法律法规大字实用版系列

中华人民共和国民法典物权编

·大字实用版·

法律出版社法规中心 编

法律出版社
LAW PRESS·CHINA
北京

图书在版编目(CIP)数据

中华人民共和国民法典物权编：大字实用版／法律出版社法规中心编. -- 北京：法律出版社，2023
（法律法规大字实用版系列）
ISBN 978-7-5197-8158-3

Ⅰ.①中… Ⅱ.①法… Ⅲ.①物权法－中国 Ⅳ.①D923

中国国家版本馆 CIP 数据核字（2023）第 137825 号

| 中华人民共和国民法典物权编（大字实用版）
ZHONGHUA RENMIN GONGHEGUO MINFADIAN
WUQUANBIAN(DAZI SHIYONGBAN) | 法律出版社
法规中心 编 | 责任编辑 陶玉霞 赵雪慧
装帧设计 汪奇峰 |

出版发行 法律出版社	开本 A5
编辑统筹 法规出版分社	印张 6.25 字数 145 千
责任校对 张红蕊	版本 2023 年 8 月第 1 版
责任印制 耿润瑜	印次 2023 年 8 月第 1 次印刷
经　　销 新华书店	印刷 北京金康利印刷有限公司

地址：北京市丰台区莲花池西里 7 号（100073）
网址：www.lawpress.com.cn　　　　　　　销售电话：010-83938349
投稿邮箱：info@ lawpress.com.cn　　　　　　客服电话：010-83938350
举报盗版邮箱：jbwq@ lawpress.com.cn　　　　咨询电话：010-63939796
版权所有·侵权必究

书号：ISBN 978-7-5197-8158-3　　　　　　　定价：25.00 元
凡购买本社图书，如有印装错误，我社负责退换。电话：010-83938349

编辑出版说明

"法者，天下之准绳也。"在法治社会，人们与其生活的社会发生的所有关系，莫不以法律为纽带和桥梁。人与人之间即是各种法律关系的总和。为帮助广大读者学法、知法、守法、用法，我们组织专业力量精心编写了"法律法规大字实用版系列"丛书。本丛书具有以下特点：

1. 专业。出版机构专业：成立于1954年的法律出版社，是全国首家法律专业出版机构，有专业的法律编辑队伍和标准的法律文本资源。内容专业：书中的名词解释、实用问答理据权威、精准专业；典型案例均来自最高人民法院、最高人民检察院发布的指导案例、典型案例以及地方法院发布的经典案例，在实践中起到指引法官"同案同判"的作用，具有很强的参考性。

2. 全面。全书以主体法为编写主线，在法条下辅之以条文主旨、名词解释、实用问答、典型案例，囊括了该条的标准理论阐释和疑难实务问题，帮助读者全面构建该条的立体化知识体系。

3. 实用。实用问答模块以一问一答的方式解答实务中的疑难问题，读者可按图索骥获取解决实务问题的答案；典型案例模块精选与条文密切相关的经典案例，在书中呈现裁判要旨，读者可按需扫描案例二维码获取案例全文。

4. 易读。采用大字排版、双色印刷，易读不累，清晰疏朗，提升了阅读体验感；波浪线标注条文重点，帮助读者精准捕捉条文要义。

书中可能尚存讹误，不当之处，尚祈读者批评指正。

法律出版社法规中心

2023 年 8 月

目　　录

中华人民共和国民法典

第二编　物　　权

第一分编　通则 …………………………………… 002
 第一章　一般规定 ……………………………… 002
  第二百零五条　物权编的调整范围 ………… 002
  第二百零六条　社会主义基本经济制度与社会主义
       市场经济 …………………… 002
  第二百零七条　物权平等保护原则 …………… 003
  第二百零八条　物权公示原则 ………………… 003
 第二章　物权的设立、变更、转让和消灭 ……… 004
  第一节　不动产登记 …………………………… 004
  第二百零九条　不动产物权登记的效力 ……… 004
  第二百一十条　不动产登记机构和不动产统一登记 … 005
  第二百一十一条　不动产登记申请资料 ……… 005
  第二百一十二条　登记机构的职责 …………… 007
  第二百一十三条　登记机构不得从事的行为 … 008
  第二百一十四条　不动产物权变动的生效时间 … 008

第二百一十五条　合同效力与物权变动区分 …………… 009

第二百一十六条　不动产登记簿的效力和管理 ………… 009

第二百一十七条　不动产登记簿与不动产权属证书
　　　　　　　　的关系 …………………………………… 010

第二百一十八条　不动产登记资料的查询、复制 ……… 010

第二百一十九条　保护权利人个人信息 ………………… 011

第二百二十条　更正登记与异议登记 …………………… 011

第二百二十一条　预告登记 ……………………………… 012

第二百二十二条　不动产登记错误的赔偿 ……………… 013

第二百二十三条　不动产登记的费用 …………………… 014

第二节　动产交付 …………………………………………… 014

第二百二十四条　动产交付的效力 ……………………… 014

第二百二十五条　特殊动产登记的效力 ………………… 015

第二百二十六条　动产物权受让人先行占有 …………… 015

第二百二十七条　指示交付 ……………………………… 015

第二百二十八条　占有改定 ……………………………… 016

第三节　其他规定 …………………………………………… 016

第二百二十九条　法律文书或征收决定导致的物权变动
　　　　　　　　 …………………………………………… 016

第二百三十条　因继承取得物权 ………………………… 017

第二百三十一条　因事实行为发生物权变动 …………… 017

第二百三十二条　处分非因民事法律行为享有的不
　　　　　　　　动产物权 ………………………………… 017

第三章　物权的保护 ………………………………………… 018

第二百三十三条　物权纠纷解决方式 …………………… 018

第二百三十四条　物权确认请求权 ……………………… 018

第二百三十五条　返还原物请求权 ················· 019
　　第二百三十六条　排除妨害、消除危险请求权 ······· 019
　　第二百三十七条　物权复原请求权 ··················· 020
　　第二百三十八条　物权损害赔偿请求权 ··············· 020
　　第二百三十九条　物权保护方式的单用与并用 ········· 020
第二分编　所有权 ·· 021
　第四章　一般规定 ······································· 021
　　第二百四十条　所有权的基本内容 ··················· 021
　　第二百四十一条　所有权人设立他物权 ··············· 021
　　第二百四十二条　国家专属所有权 ··················· 022
　　第二百四十三条　征收 ···························· 022
　　第二百四十四条　耕地保护 ························ 023
　　第二百四十五条　征用 ···························· 024
　第五章　国家所有权和集体所有权、私人所有权 ········· 025
　　第二百四十六条　国有财产的范围、国家所有的性
　　　　　　　　　　质和国家所有权的行使 ············· 025
　　第二百四十七条　矿藏、水流、海域的国家所有权 ···· 025
　　第二百四十八条　无居民海岛的国家所有权 ·········· 026
　　第二百四十九条　国家所有土地的范围 ··············· 026
　　第二百五十条　自然资源的国家所有权 ··············· 026
　　第二百五十一条　野生动植物资源的国家所有权 ······ 026
　　第二百五十二条　无线电频谱资源的国家所有权 ······ 026
　　第二百五十三条　文物的国家所有权 ················· 027
　　第二百五十四条　国防资产和基础设施的国家所有权
　　　　　　　　　　 ································· 027
　　第二百五十五条　国家机关的物权 ··················· 028

第二百五十六条　国家举办的事业单位的物权 …… 028

第二百五十七条　国家出资的企业出资人制度 …… 028

第二百五十八条　国有财产的保护 …………… 029

第二百五十九条　国有财产管理的法律责任 …… 029

第二百六十条　集体财产的范围 ……………… 030

第二百六十一条　农民集体所有财产归属及重大事项集体决定 ………………………… 030

第二百六十二条　集体所有的不动产所有权行使 …… 031

第二百六十三条　城镇集体所有的财产权利行使 …… 032

第二百六十四条　集体成员对集体财产的知情权 …… 032

第二百六十五条　集体所有财产保护 ………… 033

第二百六十六条　私有财产的范围 …………… 033

第二百六十七条　私有财产的保护 …………… 033

第二百六十八条　企业出资人权利 …………… 034

第二百六十九条　法人财产权 ………………… 034

第二百七十条　社会团体法人、捐助法人合法财产的保护 ……………………………… 034

第六章　业主的建筑物区分所有权 …………… 035

第二百七十一条　建筑物区分所有权 ………… 035

第二百七十二条　业主对专有部分的权利和义务 …… 035

第二百七十三条　业主对共有部分的权利和义务 …… 036

第二百七十四条　建筑区划内道路、绿地等的权利归属 ………………………………… 037

第二百七十五条　车位、车库的归属 ………… 037

第二百七十六条　车位、车库的首要用途 …… 038

第二百七十七条　业主自治管理组织的设立及指导

　　　　　　　　　和协助 …………………………………… 038
　　第二百七十八条　业主共同决定事项及表决 ………… 039
　　第二百七十九条　业主改变住宅用途的限制条件 …… 041
　　第二百八十条　业主大会、业主委员会决定的效力 …… 042
　　第二百八十一条　建筑物及其附属设施维修资金的
　　　　　　　　　归属和处分 …………………………… 043
　　第二百八十二条　共有部分的收入分配 ……………… 043
　　第二百八十三条　建筑物及其附属设施的费用分摊
　　　　　　　　　和收益分配 …………………………… 044
　　第二百八十四条　建筑物及其附属设施管理 ………… 044
　　第二百八十五条　业主与物业服务企业或其他管理
　　　　　　　　　人的关系 ……………………………… 044
　　第二百八十六条　业主的相关义务及责任 …………… 045
　　第二百八十七条　业主合法权益的保护 ……………… 047
第七章　相邻关系 ……………………………………………… 048
　　第二百八十八条　处理相邻关系的原则 ……………… 048
　　第二百八十九条　处理相邻关系的法律依据 ………… 048
　　第二百九十条　用水、排水相邻关系 ………………… 048
　　第二百九十一条　通行相邻关系 ……………………… 048
　　第二百九十二条　相邻土地的利用 …………………… 049
　　第二百九十三条　相邻通风、采光和日照 …………… 049
　　第二百九十四条　相邻不动产之间不可量物侵害 …… 049
　　第二百九十五条　维护相邻不动产安全 ……………… 049
　　第二百九十六条　使用相邻不动产避免造成损害 …… 050
第八章　共有 …………………………………………………… 051
　　第二百九十七条　共有及其形式 ……………………… 051

第二百九十八条 按份共有 ……………………… 051

第二百九十九条 共同共有 ……………………… 052

第三百条 对共有物的管理 ……………………… 052

第三百零一条 共有物的处分、重大修缮和性质、
用途变更 ……………………………… 052

第三百零二条 共有物管理费用负担 …………… 053

第三百零三条 共有财产分割原则 ……………… 053

第三百零四条 共有物的分割方式 ……………… 054

第三百零五条 按份共有人的优先购买权 ……… 054

第三百零六条 优先购买权的实现方式 ………… 055

第三百零七条 因共有财产产生的债权债务关系的
对外、对内效力 ……………………… 056

第三百零八条 按份共有的推定 ………………… 056

第三百零九条 按份共有人份额的确定 ………… 057

第三百一十条 用益物权、担保物权的准共有 … 057

第九章 所有权取得的特别规定 …………………… 058

第三百一十一条 善意取得 ……………………… 058

第三百一十二条 遗失物的善意取得 …………… 059

第三百一十三条 善意取得的动产上原有权利的消灭
…………………………………………… 060

第三百一十四条 拾得遗失物的返还 …………… 060

第三百一十五条 有关部门收到遗失物的处理 … 061

第三百一十六条 遗失物保管 …………………… 061

第三百一十七条 权利人在领取遗失物时应尽义务 … 061

第三百一十八条 公告期满无人认领的遗失物归属 … 061

第三百一十九条　拾得漂流物、发现埋藏物或隐藏物
　　　　　　　　　　………………………………………… 062
　　第三百二十条　从物随主物转让 ………………… 062
　　第三百二十一条　天然孳息和法定孳息的归属 …… 063
　　第三百二十二条　添附 …………………………… 064
第三分编　用益物权 ………………………………… 065
　第十章　一般规定 ………………………………… 065
　　第三百二十三条　用益物权人享有的基本权利 … 065
　　第三百二十四条　国有和集体所有自然资源的用益
　　　　　　　　　　物权 ……………………………… 065
　　第三百二十五条　自然资源使用制度 ……………… 066
　　第三百二十六条　用益物权人权利的行使 ………… 066
　　第三百二十七条　用益物权人因征收、征用有权获
　　　　　　　　　　得补偿 ………………………… 067
　　第三百二十八条　海域使用权的法律保护 ………… 067
　　第三百二十九条　合法探矿权等权利的法律保护 … 068
　第十一章　土地承包经营权 ……………………… 070
　　第三百三十条　双层经营体制与土地承包经营制度 … 070
　　第三百三十一条　土地承包经营权人享有的基本权利
　　　　　　　　　　………………………………… 070
　　第三百三十二条　土地承包期 …………………… 071
　　第三百三十三条　土地承包经营权的设立和登记 … 071
　　第三百三十四条　土地承包经营权的互换、转让 … 072
　　第三百三十五条　土地承包经营权互换、转让的登记
　　　　　　　　　　………………………………… 072
　　第三百三十六条　承包地的调整 ………………… 072

第三百三十七条　承包地的收回 …………………… 073

第三百三十八条　承包地的征收补偿 ………………… 073

第三百三十九条　土地经营权的流转 ………………… 074

第三百四十条　土地经营权人享有的基本权利 ……… 075

第三百四十一条　土地经营权的设立及登记 ………… 075

第三百四十二条　其他方式承包的土地经营权流转 … 075

第三百四十三条　国有农用地实行承包经营的法律适用

………………………………………………… 076

第十二章　建设用地使用权 …………………………… 077

第三百四十四条　建设用地使用权的概念 …………… 077

第三百四十五条　建设用地使用权的分层设立 ……… 077

第三百四十六条　建设用地使用权的设立原则 ……… 078

第三百四十七条　建设用地使用权的设立方式 ……… 078

第三百四十八条　建设用地使用权出让合同 ………… 079

第三百四十九条　建设用地使用权的登记 …………… 080

第三百五十条　土地用途 ……………………………… 080

第三百五十一条　建设用地使用权人支付出让金等

费用的义务 …………………………… 081

第三百五十二条　建设用地使用权人建造的建筑物

等设施的权属 ………………………… 081

第三百五十三条　建设用地使用权的流转方式 ……… 081

第三百五十四条　处分建设用地使用权的合同形式

和期限 ………………………………… 082

第三百五十五条　建设用地使用权流转后变更登记 … 083

第三百五十六条　建筑物等设施随建设用地使用权

的流转而一并处分 …………………… 083

第三百五十七条　建设用地使用权随建筑物等设施的流转而一并处分 ………………… 083

第三百五十八条　建设用地使用权提前收回及其补偿 …………………………………… 084

第三百五十九条　建设用地使用权的续期 ………… 084

第三百六十条　建设用地使用权注销登记 ………… 085

第三百六十一条　集体所有土地作为建设用地的法律适用 …………………………… 085

第十三章　宅基地使用权 ……………………………… 086

第三百六十二条　宅基地使用权的内容 …………… 086

第三百六十三条　宅基地使用权取得、行使和转让的法律适用 …………………………… 086

第三百六十四条　宅基地的灭失和重新分配 ……… 087

第三百六十五条　宅基地使用权变更和注销登记 …… 088

第十四章　居住权 ……………………………………… 089

第三百六十六条　居住权的概念 …………………… 089

第三百六十七条　居住权合同 ……………………… 089

第三百六十八条　居住权的设立 …………………… 090

第三百六十九条　居住权的限制 …………………… 091

第三百七十条　居住权的消灭 ……………………… 091

第三百七十一条　以遗嘱方式设立居住权的参照适用 ……………………………………… 091

第十五章　地役权 ……………………………………… 092

第三百七十二条　地役权的概念 …………………… 092

第三百七十三条　地役权合同 ……………………… 093

第三百七十四条　地役权的设立与登记 …………… 093

第三百七十五条　供役地权利人的义务 ……………… 094

第三百七十六条　地役权人的权利义务 ……………… 094

第三百七十七条　地役权期限 ………………………… 095

第三百七十八条　地役权的承继 ……………………… 095

第三百七十九条　在先用益物权对地役权的限制 …… 095

第三百八十条　地役权的转让 ………………………… 095

第三百八十一条　地役权的抵押 ……………………… 096

第三百八十二条　地役权对需役地及其上权利的不
可分性 ………………………………… 096

第三百八十三条　地役权对供役地及其上权利的不
可分性 ………………………………… 097

第三百八十四条　地役权消灭 ………………………… 097

第三百八十五条　地役权变动后登记 ………………… 097

第四分编　担保物权 …………………………………… 099

第十六章　一般规定 …………………………………… 099

第三百八十六条　担保物权的概念 …………………… 099

第三百八十七条　担保物权的适用范围和反担保 …… 100

第三百八十八条　担保合同 …………………………… 100

第三百八十九条　担保物权的担保范围 ……………… 102

第三百九十条　担保物权的物上代位性 ……………… 102

第三百九十一条　未经担保人同意转移债务的法律
后果 …………………………………… 103

第三百九十二条　人保和物保并存时担保权的实行
规则 …………………………………… 103

第三百九十三条　担保物权消灭原因 ………………… 104

第十七章　抵押权

第一节　一般抵押权

第三百九十四条　抵押权的概念 …… 105

第三百九十五条　抵押财产的范围 …… 106

第三百九十六条　浮动抵押 …… 107

第三百九十七条　建筑物与建设用地使用权同时抵押规则 …… 107

第三百九十八条　乡镇、村企业的建设用地使用权抵押限制 …… 108

第三百九十九条　禁止抵押的财产范围 …… 108

第四百条　抵押合同 …… 110

第四百零一条　流押 …… 110

第四百零二条　不动产抵押登记 …… 111

第四百零三条　动产抵押的效力 …… 112

第四百零四条　动产抵押对抗效力的限制 …… 113

第四百零五条　抵押权与租赁权的关系 …… 113

第四百零六条　抵押财产的转让 …… 114

第四百零七条　抵押权处分的从属性 …… 115

第四百零八条　抵押权的保护 …… 115

第四百零九条　抵押权及其顺位的处分 …… 116

第四百一十条　抵押权的实现 …… 117

第四百一十一条　浮动抵押财产的确定 …… 118

第四百一十二条　抵押权对抵押财产孳息的效力 …… 118

第四百一十三条　抵押财产变价后的处理 …… 119

第四百一十四条　数个抵押权的清偿顺序 …… 119

第四百一十五条　抵押权与质权的清偿顺序 …… 120

第四百一十六条　动产购买价款抵押担保的优先权 …… 120

第四百一十七条　抵押权对新增建筑物的效力 ……… 120

第四百一十八条　集体所有土地使用权抵押权的实现效果 ………………………………… 121

第四百一十九条　抵押权存续期间 ………………… 121

第二节　最高额抵押权 …………………………………… 122

第四百二十条　最高额抵押权的定义 ……………… 122

第四百二十一条　最高额抵押权担保的债权转让 … 123

第四百二十二条　最高额抵押合同条款变更 ……… 125

第四百二十三条　最高额抵押权所担保的债权确定 … 125

第四百二十四条　最高额抵押权的法律适用 ……… 126

第十八章　质权 ……………………………………………… 127

第一节　动产质权 ………………………………………… 127

第四百二十五条　动产质权的基本权利 …………… 127

第四百二十六条　禁止质押的动产范围 …………… 128

第四百二十七条　质押合同 ………………………… 129

第四百二十八条　流质 ……………………………… 129

第四百二十九条　质权设立 ………………………… 130

第四百三十条　质权人孳息收取权及孳息首要清偿用途 ……………………………………………… 131

第四百三十一条　质权人擅自使用、处分质押财产的责任 ……………………………………… 131

第四百三十二条　质权人的保管义务和赔偿责任 … 132

第四百三十三条　质权的保护 ……………………… 132

第四百三十四条　责任转质 ………………………… 132

第四百三十五条　质权的放弃 ……………………… 133

第四百三十六条	质物返还及质权实现 ……………………	133
第四百三十七条	质权的及时行使 …………………………	134
第四百三十八条	质押财产变价后的处理 …………………	134
第四百三十九条	最高额质权 ………………………………	134

第二节 权利质权 ………………………………………… 135

第四百四十条	权利质权的范围 …………………………	135
第四百四十一条	有价证券出质的质权的设立 ……………	136
第四百四十二条	有价证券出质的质权的特别实现方式 ……………………………………………	138
第四百四十三条	以基金份额、股权出质的质权设立及转让限制 ………………………………	139
第四百四十四条	以知识产权中的财产权出质的质权的设立及转让限制 ………………………	140
第四百四十五条	以应收账款出质的质权的设立及转让限制 …………………………………	141
第四百四十六条	权利质权的法律适用 ……………………	142

第十九章 留置权 ………………………………………… 143

第四百四十七条	留置权的一般规定 ………………………	143
第四百四十八条	留置财产与债权的关系 …………………	144
第四百四十九条	留置权适用范围的限制 …………………	145
第四百五十条	留置财产为可分物的特殊规定 …………	145
第四百五十一条	留置权人的保管义务 ……………………	146
第四百五十二条	留置权人收取孳息的权利 ………………	146
第四百五十三条	留置权实现的一般规定 …………………	146
第四百五十四条	留置权债务人的请求权 …………………	146
第四百五十五条	留置权的实现 ……………………………	147

第四百五十六条 留置权与抵押权或者质权竞合时的顺位原则 …… 147

第四百五十七条 留置权消灭的原因 …… 148

第五分编 占有 …… 149
第二十章 占有 …… 149

第四百五十八条 有权占有的法律适用 …… 149

第四百五十九条 无权占有造成占有物损害的赔偿责任 …… 149

第四百六十条 权利人的返还请求权和占有人的费用求偿权 …… 149

第四百六十一条 占有的不动产或动产毁损、灭失时占有人的责任 …… 150

第四百六十二条 占有保护请求权 …… 150

附录

最高人民法院关于适用《中华人民共和国民法典》物权编的解释（一）（2020年12月29日） …… 152

最高人民法院关于适用《中华人民共和国民法典》有关担保制度的解释（2020年12月31日） …… 156

中华人民共和国民法典

- 2020年5月28日第十三届全国人民代表大会第三次会议通过

- 2020年5月28日中华人民共和国主席令第45号公布

- 自2021年1月1日起施行

第二编 物　　权

第一分编 通　　则

第一章　一　般　规　定

◆ **第二百零五条　物权编的调整范围**[*]

本编调整因物的归属和利用产生的民事关系。

◆ **第二百零六条　社会主义基本经济制度与社会主义市场经济**

国家坚持和完善公有制为主体、多种所有制经济共同发展，按劳分配为主体、多种分配方式并存，社会主义市场经济体制等社会主义基本经济制度。

国家巩固和发展公有制经济，鼓励、支持和引导非公有制经济的发展。

国家实行社会主义市场经济，保障一切市场主体的平等法律地位和发展权利。

---

[*] 条文主旨为编者所加，下同。

◆ **第二百零七条　物权平等保护原则**

国家、集体、私人的物权和其他权利人的物权受法律平等保护，任何组织或者个人不得侵犯。

◆ **第二百零八条　物权公示原则**

不动产物权的设立、变更、转让和消灭，应当依照法律规定登记。动产物权的设立和转让，应当依照法律规定交付。

实用问答

1. 以出让或者划拨方式取得土地使用权的，如何申请登记？

答：《城市房地产管理法》第61条第1款规定："以出让或者划拨方式取得土地使用权，应当向县级以上地方人民政府土地管理部门申请登记，经县级以上地方人民政府土地管理部门核实，由同级人民政府颁发土地使用权证书。"

2. 在依法取得的房地产开发用地上建成房屋的，如何申请登记？

答：根据《城市房地产管理法》第61条第2款的规定，在依法取得的房地产开发用地上建成房屋的，应当凭土地使用权证书向县级以上地方人民政府房产管理部门申请登记，由县级以上地方人民政府房产管理部门核实并颁发房屋所有权证书。

3. 房地产转让或者变更时，如何申请登记？

答：《城市房地产管理法》第61条第3款规定："房地产转让或者变更时，应当向县级以上地方人民政府房产管理部门申请房产变更登记，并凭变更后的房屋所有权证书向同级人民政府土地管理部门申请土地使用权变更登记，经同级人民政府土地管理部门核实，由同级人民政府更换或者更改土地使用权证书。"

第二章　物权的设立、变更、转让和消灭

第一节　不动产登记

◆ **第二百零九条　不动产物权登记的效力**

不动产物权的设立、变更、转让和消灭，经依法登记，发生效力；未经登记，不发生效力，但是法律另有规定的除外。

依法属于国家所有的自然资源，所有权可以不登记。

实用问答

哪些不动产权利需要依照规定办理登记？

答：根据《不动产登记暂行条例》第 5 条的规定，下列不动产权利，应依照规定办理登记：（1）集体土地所有权；（2）房屋等建筑物、构筑物所有权；（3）森林、林木所有权；（4）耕地、林地、草地等土地承包经营权；（5）建设用地使用权；（6）宅基地使用权；（7）海域使用权；（8）地役权；（9）抵押权；（10）法律规定需要登记的其他不动产权利。

◆ **第二百一十条　不动产登记机构和不动产统一登记**

不动产登记，由不动产所在地的登记机构办理。

国家对不动产实行统一登记制度。统一登记的范围、登记机构和登记办法，由法律、行政法规规定。

实用问答

不动产登记应向哪些机构提出？

答：根据《不动产登记暂行条例》第6、7条的规定，国务院自然资源主管部门负责指导、监督全国不动产登记工作。县级以上地方人民政府应当确定一个部门为本行政区域的不动产登记机构，负责不动产登记工作，并接受上级人民政府不动产登记主管部门的指导、监督。不动产登记由不动产所在地的县级人民政府不动产登记机构办理；直辖市、设区的市人民政府可以确定本级不动产登记机构统一办理所属各区的不动产登记。跨县级行政区域的不动产登记，由所跨县级行政区域的不动产登记机构分别办理。不能分别办理的，由所跨县级行政区域的不动产登记机构协商办理；协商不成的，由共同的上一级人民政府不动产登记主管部门指定办理。国务院确定的重点国有林区的森林、林木和林地，国务院批准项目用海、用岛，中央国家机关使用的国有土地等不动产登记，由国务院自然资源主管部门会同有关部门规定。

◆ **第二百一十一条　不动产登记申请资料**

当事人申请登记，应当根据不同登记事项提供权属证明和不动产界址、面积等必要材料。

实用问答

1. 哪些情况下，不动产登记可以由当事人单方申请？

答：根据《不动产登记暂行条例》第14条的规定，因买卖、设定抵押权等申请不动产登记的，应当由当事人双方共同申请。属于下列情形之一的，可以由当事人单方申请：（1）尚未登记的不动产首次申请登记的；（2）继承、接受遗赠取得不动产权利的；（3）人民法院、仲裁委员会生效的法律文书或者人民政府生效的决定等设立、变更、转让、消灭不动产权利的；（4）权利人姓名、名称或者自然状况发生变化，申请变更登记的；（5）不动产灭失或者权利人放弃不动产权利，申请注销登记的；（6）申请更正登记或者异议登记的；（7）法律、行政法规规定可以由当事人单方申请的其他情形。

2. 不动产登记时，申请人应当提交哪些材料？

答：根据《不动产登记暂行条例》第16条的规定，不动产登记时，申请人应当提交下列材料，并对申请材料的真实性负责：（1）登记申请书；（2）申请人、代理人身份证明材料、授权委托书；（3）相关的不动产权属来源证明材料、登记原因证明文件、不动产权属证书；（4）不动产界址、空间界限、面积等材料；（5）与他人利害关系的说明材料；（6）法律、行政法规以及该条例实施细则规定的其他材料。不动产登记机构应当在办公场所和门户网站公开申请登记所需材料目录和示范文本等信息。

3. 因继承、受遗赠取得不动产，当事人申请登记的，应当提交哪些材料？

答：根据《不动产登记暂行条例实施细则》第14条的规定，因继承、受遗赠取得不动产，当事人申请登记的，应当提交死亡证明材料、遗嘱或者全部法定继承人关于不动产分配的协议以及与被继承人的亲属关系材料等，也可以提交经公证的材料或者生效的法律文书。

◆ **第二百一十二条　登记机构的职责**

登记机构应当履行下列职责：
（一）查验申请人提供的权属证明和其他必要材料；
（二）就有关登记事项询问申请人；
（三）如实、及时登记有关事项；
（四）法律、行政法规规定的其他职责。
申请登记的不动产的有关情况需要进一步证明的，登记机构可以要求申请人补充材料，必要时可以实地查看。

实用问答

1. 不动产登记机构收到不动产登记申请材料后，应如何办理？

答： 根据《不动产登记暂行条例》第17条的规定，不动产登记机构收到不动产登记申请材料，应当分别按照下列情况办理：（1）属于登记职责范围，申请材料齐全、符合法定形式，或者申请人按照要求提交全部补正申请材料的，应当受理并书面告知申请人；（2）申请材料存在可以当场更正的错误的，应当告知申请人当场更正，申请人当场更正后，应当受理并书面告知申请人；（3）申请材料不齐全或者不符合法定形式的，应当当场书面告知申请人不予受理并一次性告知需要补正的全部内容；（4）申请登记的不动产不属于本机构登记范围的，应当当场书面告知申请人不予受理并告知申请人向有登记权的机构申请。不动产登记机构未当场书面告知申请人不予受理的，视为受理。

2. 哪些情况下，不动产登记机构可以对申请登记的不动产进行实地查看？

答：根据《不动产登记暂行条例》第19条的规定，属于下列情形之一的，不动产登记机构可以对申请登记的不动产进行实地查看：（1）房屋等建筑物、构筑物所有权首次登记；（2）在建建筑物抵押权登记；（3）因不动产灭失导致的注销登记；（4）不动产登记机构认为需要实地查看的其他情形。对可能存在权属争议，或者可能涉及他人利害关系的登记申请，不动产登记机构可以向申请人、利害关系人或者有关单位进行调查。不动产登记机构进行实地查看或者调查时，申请人、被调查人应当予以配合。

3. 申请登记的不动产权利超过规定期限的，不动产登记机构应如何处理？

答：根据《不动产登记暂行条例》第22条第3项的规定，申请登记的不动产权利超过规定期限的，不动产登记机构应当不予登记，并书面告知申请人。

◆ **第二百一十三条　登记机构不得从事的行为**

登记机构不得有下列行为：
（一）要求对不动产进行评估；
（二）以年检等名义进行重复登记；
（三）超出登记职责范围的其他行为。

◆ **第二百一十四条　不动产物权变动的生效时间**

不动产物权的设立、变更、转让和消灭，依照法律规定应当登记的，自记载于不动产登记簿时发生效力。

实用问答

什么是不动产登记簿？其特征有哪些？

答：不动产登记簿是法律规定的不动产物权登记机构管理的不动产物权登记档案。不动产登记簿应当具有以下特征：（1）统一性。一个登记区域内的不动产登记簿只能有一个。（2）权威性。不动产登记簿是国家建立的档案簿册，其公信力是以国家的行为为担保的，并以此为不动产物权变动的可信性提供保障。（3）持久性。不动产登记簿将由登记机构长期保存，以便于当事人和利害关系人的利益获得长期的保障。（4）公开性。登记机构不仅应当允许权利人和利害关系人查阅复制不动产登记簿，还要为他们的查阅复制提供便利。

◆ **第二百一十五条 合同效力与物权变动区分**

当事人之间订立有关设立、变更、转让和消灭不动产物权的合同，除法律另有规定或者当事人另有约定外，<u>自合同成立时生效</u>；未办理物权登记的，不影响合同效力。

◆ **第二百一十六条 不动产登记簿的效力和管理**

不动产登记簿是物权归属和内容的根据。
不动产登记簿由登记机构管理。

实用问答

1. 不动产登记簿应当记载哪些事项？

答：根据《不动产登记暂行条例》第 8 条第 3 款的规定，不动产登记簿应当记载以下事项：（1）不动产的坐落、界址、空间界限、面积、用途等自然状况；（2）不动产权利的主体、类型、内容、来源、期限、权利变化等权属状况；（3）涉及不动产权利限制、提示的事项；（4）其他相关事项。

2. 不动产登记簿就抵押财产、被担保的债权范围等所作的记载与抵押合同约定不一致的，人民法院应如何处理？

答：根据《最高人民法院关于适用〈中华人民共和国民法典〉有关担保制度的解释》第47条的规定，不动产登记簿就抵押财产、被担保的债权范围等所作的记载与抵押合同约定不一致的，人民法院应当根据登记簿的记载确定抵押财产、被担保的债权范围等事项。

◆ **第二百一十七条　不动产登记簿与不动产权属证书的关系**

不动产权属证书是权利人享有该不动产物权的证明。不动产权属证书记载的事项，应当与不动产登记簿一致；记载不一致的，除有证据证明不动产登记簿确有错误外，以不动产登记簿为准。

📝 名词解释

不动产权属证书　不动产的所有权证、使用权证等，是登记机关颁发给权利人作为其享有权利的证明。

◆ **第二百一十八条　不动产登记资料的查询、复制**

权利人、利害关系人可以申请查询、复制不动产登记资料，登记机构应当提供。

实用问答

哪些主体可以申请查询、复制不动产登记资料？

答：根据《不动产登记暂行条例》第 27 条的规定，权利人、利害关系人可以依法查询、复制不动产登记资料，不动产登记机构应当提供。有关国家机关可以依照法律、行政法规的规定查询、复制与调查处理事项有关的不动产登记资料。

◆ **第二百一十九条　保护权利人个人信息**

利害关系人不得公开、非法使用权利人的不动产登记资料。

实用问答

公民是否可以随意查询他人的房产资料？

答：根据《不动产登记暂行条例》第 28 条的规定，查询不动产登记资料的单位、个人应当向不动产登记机构说明查询目的，不得将查询获得的不动产登记资料用于其他目的；未经权利人同意，不得泄露查询获得的不动产登记资料。因此，公民要查询他人的房产资料，必须向不动产登记机构说明其查询目的。

◆ **第二百二十条　更正登记与异议登记**

权利人、利害关系人认为不动产登记簿记载的事项错误的，可以申请更正登记。不动产登记簿记载的权利人书面同意更正或者有证据证明登记确有错误的，登记机构应当予以更正。

不动产登记簿记载的权利人不同意更正的，利害关系人可以申请异议登记。登记机构予以异议登记，申请人自异议登记之日起十五日内不提起诉讼的,异议登记失效。异议登记不当,造成权利人损害的,权利人可以向申请人请求损害赔偿。

实用问答

异议登记失效后,当事人可以提起民事诉讼,请求确认物权归属吗?

答:根据《最高人民法院关于适用〈中华人民共和国民法典〉物权编的解释(一)》第3条的规定,异议登记因《民法典》第220条第2款规定的事由失效后,当事人提起民事诉讼,请求确认物权归属的,应当依法受理。异议登记失效不影响人民法院对案件的实体审理。

◆ 第二百二十一条 预告登记

当事人签订买卖房屋的协议或者签订其他不动产物权的协议,为保障将来实现物权,按照约定可以向登记机构申请预告登记。预告登记后,未经预告登记的权利人同意,处分该不动产的,不发生物权效力。

预告登记后,债权消灭或者自能够进行不动产登记之日起九十日内未申请登记的,预告登记失效。

名词解释

预告登记 为保全一项请求权而进行的不动产登记,该项请求权所要达到的目的,是在将来发生不动产物权变动。这种登记是不动产登记的一种特殊类型。

> 实用问答

1. 如何认定《民法典》第221条第2款所称的"债权消灭"？

答：根据《最高人民法院关于适用〈中华人民共和国民法典〉物权编的解释（一）》第5条的规定，预告登记的买卖不动产物权的协议被认定无效、被撤销，或者预告登记的权利人放弃债权的，应当认定为《民法典》第221条第2款所称的"债权消灭"。

2. 申请预购商品房的预告登记，应当提交哪些材料？

答：根据《不动产登记暂行条例实施细则》第86条第1款的规定，申请预购商品房的预告登记，应当提交下列材料：（1）已备案的商品房预售合同；（2）当事人关于预告登记的约定；（3）其他必要材料。

3. 预售人和预购人订立商品房买卖合同后，预售人未按照约定与预购人申请预告登记的，预购人可以单方申请预告登记吗？

答：根据《不动产登记暂行条例实施细则》第86条第2、3款的规定，预售人和预购人订立商品房买卖合同后，预售人未按照约定与预购人申请预告登记，预购人可以单方申请预告登记。预购人单方申请预购商品房预告登记，预售人与预购人在商品房预售合同中对预告登记附有条件和期限的，预购人应当提交相应材料。

◆ **第二百二十二条　不动产登记错误的赔偿**

当事人提供虚假材料申请登记，造成他人损害的，应当承担赔偿责任。

因登记错误，造成他人损害的，登记机构应当承担赔偿责任。登记机构赔偿后，可以向造成登记错误的人追偿。

实用问答

房屋登记机构工作人员与第三人恶意串通违法登记的,如何承担赔偿责任?

答:根据《最高人民法院关于审理房屋登记案件若干问题的规定》第13条的规定,房屋登记机构工作人员与第三人恶意串通违法登记,侵犯原告合法权益的,房屋登记机构与第三人承担连带赔偿责任。

◆ 第二百二十三条 不动产登记的费用

不动产登记费按件收取,不得按照不动产的面积、体积或者价款的比例收取。

实用问答

不动产登记收费标准有何规定?

答:根据《国家发展改革委、财政部关于不动产登记收费标准等有关问题的通知》的规定,住宅类不动产登记收费标准为每件80元;非住宅类不动产登记收费标准为每件550元。该通知同时规定了16种实行收费减免优惠的情形。

第二节 动产交付

◆ 第二百二十四条 动产交付的效力

动产物权的设立和转让,自交付时发生效力,但是法律另有规定的除外。

名词解释

交付 物的直接占有的转移，即一方按照法律行为要求，将物的直接占有转移给另一方的事实。

> **第二百二十五条　特殊动产登记的效力**
>
> 船舶、航空器和机动车等的物权的设立、变更、转让和消灭，未经登记，不得对抗善意第三人。

实用问答

如何理解《民法典》第 225 条所称的"善意第三人"？

答：《民法典》第 225 条所称的"善意第三人"，就是指不知道也不应当知道物权发生了变动的物权关系相对人。根据《最高人民法院关于适用〈中华人民共和国民法典〉物权编的解释（一）》第 6 条的规定，转让人转让船舶、航空器和机动车等所有权，受让人已经支付合理价款并取得占有，虽未经登记，但转让人的债权人主张其为《民法典》第 225 条所称的"善意第三人"的，不予支持，法律另有规定的除外。

> **第二百二十六条　动产物权受让人先行占有**
>
> 动产物权设立和转让前，权利人已经占有该动产的，物权自民事法律行为生效时发生效力。
>
> **第二百二十七条　指示交付**
>
> 动产物权设立和转让前，第三人占有该动产的，负有交付义务的人可以通过转让请求第三人返还原物的权利代替交付。

◆ **第二百二十八条　占有改定**

动产物权转让时，当事人又约定由出让人继续占有该动产的，物权自该约定生效时发生效力。

第三节　其他规定

◆ **第二百二十九条　法律文书或征收决定导致的物权变动**

因人民法院、仲裁机构的法律文书或者人民政府的征收决定等，导致物权设立、变更、转让或者消灭的，自法律文书或者征收决定等生效时发生效力。

实用问答

哪些法律文书应当认定为《民法典》第229条所称导致物权设立、变更、转让或者消灭的人民法院、仲裁机构的法律文书？

答：根据《最高人民法院关于适用〈中华人民共和国民法典〉物权编的解释（一）》第7条的规定，人民法院、仲裁机构在分割共有不动产或者动产等案件中作出并依法生效的改变原有物权关系的判决书、裁决书、调解书，以及人民法院在执行程序中作出的拍卖成交裁定书、变卖成交裁定书、以物抵债裁定书，应当认定为《民法典》第229条所称导致物权设立、变更、转让或者消灭的人民法院、仲裁机构的法律文书。

◆ **第二百三十条　因继承取得物权**

因继承取得物权的，自继承开始时发生效力。

◆ **第二百三十一条　因事实行为发生物权变动**

因合法建造、拆除房屋等事实行为设立或者消灭物权的，自事实行为成就时发生效力。

名词解释

事实行为　行为人不具有设立、变更或消灭民事法律关系的意图，但依照法律的规定能引起民事法律后果的行为。

◆ **第二百三十二条　处分非因民事法律行为享有的不动产物权**

处分依照本节规定享有的不动产物权，依照法律规定需要办理登记的，未经登记，不发生物权效力。

第三章　物权的保护

◆ **第二百三十三条　物权纠纷解决方式**

物权受到侵害的,权利人可以通过和解、调解、仲裁、诉讼等途径解决。

实用问答

什么是调解?通过调解达成的协议可以依法申请司法确认吗?

答: 调解,是指通过第三人调停解决纠纷的活动。通过调解达成的协议可以依法申请司法确认。根据《人民调解法》第33条的规定,经人民调解委员会调解达成调解协议后,双方当事人认为有必要的,可以自调解协议生效之日起30日内共同向人民法院申请司法确认,人民法院应当及时对调解协议进行审查,依法确认调解协议的效力。人民法院依法确认调解协议有效,一方当事人拒绝履行或者未全部履行的,对方当事人可以向人民法院申请强制执行。人民法院依法确认调解协议无效的,当事人可以通过人民调解方式变更原调解协议或者达成新的调解协议,也可以向人民法院提起诉讼。

◆ **第二百三十四条　物权确认请求权**

因物权的归属、内容发生争议的,利害关系人可以请求确认权利。

实用问答

当事人因哪些行为对林地、林木的物权归属、内容产生争议的，可以请求人民法院确认权利？

答：根据《最高人民法院关于审理森林资源民事纠纷案件适用法律若干问题的解释》第2条的规定，当事人因下列行为，对林地、林木的物权归属、内容产生争议，依据《民法典》第234条的规定提起民事诉讼，请求确认权利的，人民法院应当依法受理：（1）林地承包；（2）林地承包经营权互换、转让；（3）林地经营权流转；（4）林木流转；（5）林地、林木担保；（6）林地、林木继承；（7）其他引起林地、林木物权变动的行为。当事人因对行政机关作出的林地、林木确权、登记行为产生争议，提起民事诉讼的，人民法院告知其依法通过行政复议、行政诉讼程序解决。

◆ 第二百三十五条　返还原物请求权

无权占有不动产或者动产的，权利人可以请求返还原物。

◆ 第二百三十六条　排除妨害、消除危险请求权

妨害物权或者可能妨害物权的，权利人可以请求排除妨害或者消除危险。

名词解释

妨害　以非法的、不正当的行为，包括施加无权施加的设施，影响特定物的权利人行使物权。

◆ 第二百三十七条　物权复原请求权

造成不动产或者动产毁损的，权利人可以依法请求修理、重作、更换或者恢复原状。

实用问答

经营者提供商品或者服务造成消费者财产损害的，如何承担责任？

答：根据《消费者权益保护法》第52条的规定，经营者提供商品或者服务，造成消费者财产损害的，应当依照法律规定或者当事人约定承担修理、重作、更换、退货、补足商品数量、退还货款和服务费用或者赔偿损失等民事责任。

◆ 第二百三十八条　物权损害赔偿请求权

侵害物权，造成权利人损害的，权利人可以依法请求损害赔偿，也可以依法请求承担其他民事责任。

名词解释

损害赔偿　行为人向受害人支付一定数额的金钱以弥补其损失的责任方式，是运用较为广泛的一种民事责任方式。

◆ 第二百三十九条　物权保护方式的单用与并用

本章规定的物权保护方式，可以单独适用，也可以根据权利被侵害的情形合并适用。

第二分编 所 有 权

第四章 一 般 规 定

◆ **第二百四十条 所有权的基本内容**

所有权人对自己的不动产或者动产，依法享有占有、使用、收益和处分的权利。

✎ 名词解释

占有 对财产的实际管领或控制。

使用 权利主体对财产的运用，其目的在于发挥财产的使用价值。

收益 通过财产的占有、使用等方式取得的经济效益。

处分 财产所有人对其财产在事实上和法律上的最终处置。

◆ **第二百四十一条 所有权人设立他物权**

所有权人有权在自己的不动产或者动产上设立用益物权和担保物权。用益物权人、担保物权人行使权利，不得损害所有权人的权益。

◆ **第二百四十二条　国家专属所有权**

法律规定专属于国家所有的不动产和动产，任何组织或者个人不能取得所有权。

◆ **第二百四十三条　征收**

为了公共利益的需要，依照法律规定的权限和程序可以征收集体所有的土地和组织、个人的房屋以及其他不动产。

征收集体所有的土地，应当依法及时足额支付土地补偿费、安置补助费以及农村村民住宅、其他地上附着物和青苗等的补偿费用，并安排被征地农民的社会保障费用，保障被征地农民的生活，维护被征地农民的合法权益。

征收组织、个人的房屋以及其他不动产，应当依法给予征收补偿，维护被征收人的合法权益；征收个人住宅的，还应当保障被征收人的居住条件。

任何组织或者个人不得贪污、挪用、私分、截留、拖欠征收补偿费等费用。

名词解释

公共利益　社会公众享有的非独占的、为一个社会生存所必需的利益，又称社会福祉。

实用问答

哪些确需征收房屋的情形，应由市、县级人民政府作出房屋征收决定？

答：根据《国有土地上房屋征收与补偿条例》第8条的规定，为了保障国家安全，促进国民经济和社会发展等公共利益的需要，有下列情形之一，确需征收房屋的，由市、县级人民政府作出房屋征收决定：（1）国防和外交的需要；（2）由政府组织实施的能源、交通、水利等基础设施建设的需要；（3）由政府组织实施的科技、教育、文化、卫生、体育、环境和资源保护、防灾减灾、文物保护、社会福利、市政公用等公共事业的需要；（4）由政府组织实施的保障性安居工程建设的需要；（5）由政府依照《城乡规划法》有关规定组织实施的对危房集中、基础设施落后等地段进行旧城区改建的需要；（6）法律、行政法规规定的其他公共利益的需要。

◆ 第二百四十四条　耕地保护

国家对耕地实行特殊保护，严格限制农用地转为建设用地，控制建设用地总量。不得违反法律规定的权限和程序征收集体所有的土地。

实用问答

征收土地的条件与程序是什么？

答：按照《宪法》《土地管理法》等有关法律规定，征收土地的条件与程序是：（1）必须是为了公共利益的需要。（2）必须由政府作出。征地是一种政府行为，是政府的专有权力，其他任何单位和个人都没有征地权。同时，被征地单位必须服从，不得阻挠征地。

(3)必须依法取得批准。(4)必须予以公告并听取相关主体的意见。(5)必须依法对被征地单位进行补偿。有关法律和行政法规对征收的具体补偿标准有专门规定。(6)征地补偿费用的情况要向集体组织成员公布,接受监督。

◆ 第二百四十五条 征用

因抢险救灾、疫情防控等紧急需要,依照法律规定的权限和程序可以征用组织、个人的不动产或者动产。被征用的不动产或者动产使用后,应当返还被征用人。组织、个人的不动产或者动产被征用或者征用后毁损、灭失的,应当给予补偿。

实用问答

根据扑救草原火灾的需要,地方人民政府可以采取哪些紧急征用措施?

答:根据《草原防火条例》第32条的规定,根据扑救草原火灾的需要,有关地方人民政府可以紧急征用物资、交通工具和相关的设施、设备;必要时,可以采取清除障碍物、建设隔离带、应急取水、局部交通管制等应急管理措施。因救灾需要,紧急征用单位和个人的物资、交通工具、设施、设备或者占用其房屋、土地的,事后应当及时返还,并依照有关法律规定给予补偿。

第五章　国家所有权和集体所有权、私人所有权

◆ **第二百四十六条　国有财产的范围、国家所有的性质和国家所有权的行使**

法律规定属于国家所有的财产，属于国家所有即全民所有。

国有财产由国务院代表国家行使所有权。法律另有规定的，依照其规定。

实用问答

森林资源的所有权主体是谁？国家所有的森林资源的所有权如何行使？

答：根据《森林法》第 14 条的规定，森林资源属于国家所有，由法律规定属于集体所有的除外。国家所有的森林资源的所有权由国务院代表国家行使。国务院可以授权国务院自然资源主管部门统一履行国有森林资源所有者职责。

◆ **第二百四十七条　矿藏、水流、海域的国家所有权**

矿藏、水流、海域属于国家所有。

名词解释

矿藏 存在于地壳内部或者地表的，由地质作用形成的，在特定的技术条件下能够被探明和开采利用的，呈固态、液态或气态的自然资源。

水流 江、河等的统称。水流包括地表水、地下水和其他形态的水资源。

海域 这是一个空间资源的概念，是对传统民法中"物"的概念的延伸与发展。我国的海域包括中华人民共和国内水、领海的水面、水体、海床和底土。

◆ **第二百四十八条　无居民海岛的国家所有权**

无居民海岛属于国家所有，国务院代表国家行使无居民海岛所有权。

◆ **第二百四十九条　国家所有土地的范围**

城市的土地，属于国家所有。法律规定属于国家所有的农村和城市郊区的土地，属于国家所有。

◆ **第二百五十条　自然资源的国家所有权**

森林、山岭、草原、荒地、滩涂等自然资源，属于国家所有，但是法律规定属于集体所有的除外。

◆ **第二百五十一条　野生动植物资源的国家所有权**

法律规定属于国家所有的野生动植物资源，属于国家所有。

◆ **第二百五十二条　无线电频谱资源的国家所有权**

无线电频谱资源属于国家所有。

◆ **第二百五十三条　文物的国家所有权**

法律规定属于国家所有的<u>文物</u>，属于国家所有。

实用问答

哪些可移动文物属于国家所有？

答： 根据《文物保护法》第5条第4、5款的规定，下列可移动文物属于国家所有：（1）中国境内出土的文物，国家另有规定的除外；（2）国有文物收藏单位以及其他国家机关、部队和国有企业、事业组织等收藏、保管的文物；（3）国家征集、购买的文物；（4）公民、法人和其他组织捐赠给国家的文物；（5）法律规定属于国家所有的其他文物。属于国家所有的可移动文物的所有权不因其保管、收藏单位的终止或者变更而改变。

◆ **第二百五十四条　国防资产和基础设施的国家所有权**

<u>国防资产</u>属于国家所有。

铁路、公路、电力设施、电信设施和油气管道等<u>基础设施</u>，依照法律规定为国家所有的，属于国家所有。

实用问答

国防资产包括哪些？

答： 根据《国防法》第40条第1款的规定，国家为武装力量建设、国防科研生产和其他国防建设直接投入的资金、划拨使用的土地等资源，以及由此形成的用于国防目的的武器装备和设备设施、物资器材、技术成果等属于国防资产。

◆ 第二百五十五条　国家机关的物权

国家机关对其直接支配的不动产和动产，享有占有、使用以及依照法律和国务院的有关规定处分的权利。

◆ 第二百五十六条　国家举办的事业单位的物权

国家举办的事业单位对其直接支配的不动产和动产，享有占有、使用以及依照法律和国务院的有关规定收益、处分的权利。

◆ 第二百五十七条　国家出资的企业出资人制度

国家出资的企业，由国务院、地方人民政府依照法律、行政法规规定分别代表国家履行出资人职责，享有出资人权益。

实用问答

国务院和地方人民政府分别对哪些领域的国家出资企业履行出资人职责？

答：根据《企业国有资产法》第4条的规定，国务院和地方人民政府依照法律、行政法规的规定，分别代表国家对国家出资企业履行出资人职责，享有出资人权益。国务院确定的关系国民经济命脉和国家安全的大型国家出资企业，重要基础设施和重要自然资源等领域的国家出资企业，由国务院代表国家履行出资人职责。其他的国家出资企业，由地方人民政府代表国家履行出资人职责。

◆ 第二百五十八条　国有财产的保护

国家所有的财产受法律保护，禁止任何组织或者个人侵占、哄抢、私分、截留、破坏。

实用问答

对在进行建设工程或者农业生产中发现的文物，应如何采取保护措施？

答：根据《文物保护法》第 32 条的规定，在进行建设工程或者在农业生产中，任何单位或者个人发现文物，应当保护现场，立即报告当地文物行政部门，文物行政部门接到报告后，如无特殊情况，应当在 24 小时内赶赴现场，并在 7 日内提出处理意见。文物行政部门可以报请当地人民政府通知公安机关协助保护现场；发现重要文物的，应当立即上报国务院文物行政部门，国务院文物行政部门应当在接到报告后 15 日内提出处理意见。

依照前述规定发现的文物属于国家所有，任何单位或者个人不得哄抢、私分、藏匿。

◆ 第二百五十九条　国有财产管理的法律责任

履行国有财产管理、监督职责的机构及其工作人员，应当依法加强对国有财产的管理、监督，促进国有财产保值增值，防止国有财产损失；滥用职权，玩忽职守，造成国有财产损失的，应当依法承担法律责任。

违反国有财产管理规定，在企业改制、合并分立、关联交易等过程中，低价转让、合谋私分、擅自担保或者以其他方式造成国有财产损失的，应当依法承担法律责任。

实用问答

国有资产转让应当遵循什么原则？如何进行转让？

答：根据《企业国有资产法》第54条的规定，国有资产转让应当遵循等价有偿和公开、公平、公正的原则。除按照国家规定可以直接协议转让的以外，国有资产转让应当在依法设立的产权交易场所公开进行。转让方应当如实披露有关信息，征集受让方；征集产生的受让方为两个以上的，转让应当采用公开竞价的交易方式。转让上市交易的股份依照《证券法》的规定进行。

◆ **第二百六十条　集体财产的范围**

集体所有的不动产和动产包括：

（一）法律规定属于集体所有的土地和森林、山岭、草原、荒地、滩涂；

（二）集体所有的建筑物、生产设施、农田水利设施；

（三）集体所有的教育、科学、文化、卫生、体育等设施；

（四）集体所有的其他不动产和动产。

◆ **第二百六十一条　农民集体所有财产归属及重大事项集体决定**

农民集体所有的不动产和动产，属于本集体成员集体所有。

下列事项应当依照法定程序经本集体成员决定：

（一）土地承包方案以及将土地发包给本集体以外的组织或者个人承包；

（二）个别土地承包经营权人之间承包地的调整；

（三）土地补偿费等费用的使用、分配办法；

（四）集体出资的企业的所有权变动等事项；
（五）法律规定的其他事项。

实用问答

涉及村民利益的哪些事项，经村民会议讨论决定方可办理？

答： 根据《村民委员会组织法》第24条的规定，涉及村民利益的下列事项，经村民会议讨论决定方可办理：（1）本村享受误工补贴的人员及补贴标准；（2）从村集体经济所得收益的使用；（3）本村公益事业的兴办和筹资筹劳方案及建设承包方案；（4）土地承包经营方案；（5）村集体经济项目的立项、承包方案；（6）宅基地的使用方案；（7）征地补偿费的使用、分配方案；（8）以借贷、租赁或者其他方式处分村集体财产；（9）村民会议认为应当由村民会议讨论决定的涉及村民利益的其他事项。村民会议可以授权村民代表会议讨论决定前述规定的事项。法律对讨论决定村集体经济组织财产和成员权益的事项另有规定的，依照其规定。

◆ 第二百六十二条　集体所有的不动产所有权行使

对于集体所有的土地和森林、山岭、草原、荒地、滩涂等，依照下列规定行使所有权：

（一）属于村农民集体所有的，由村集体经济组织或者村民委员会依法代表集体行使所有权；

（二）分别属于村内两个以上农民集体所有的，由村内各该集体经济组织或者村民小组依法代表集体行使所有权；

（三）属于乡镇农民集体所有的，由乡镇集体经济组织代表集体行使所有权。

实用问答

行使集体所有权的客体包括哪些?

答：行使集体所有权的客体，既包括集体所有的土地、森林、山岭、草原、荒地和滩涂，也包括集体所有的建筑物、生产设施、农田水利设施，还包括集体所有的教育、科学、文化、卫生、体育等设施以及集体所有的其他不动产和动产。

◆ 第二百六十三条 城镇集体所有的财产权利行使

城镇集体所有的不动产和动产，依照法律、行政法规的规定由本集体享有占有、使用、收益和处分的权利。

◆ 第二百六十四条 集体成员对集体财产的知情权

农村集体经济组织或者村民委员会、村民小组应当依照法律、行政法规以及章程、村规民约向本集体成员公布集体财产的状况。集体成员有权查阅、复制相关资料。

实用问答

村民可以以集体经济组织名义对涉及农村集体土地的行政行为提起诉讼吗?

答：根据《最高人民法院关于审理涉及农村集体土地行政案件若干问题的规定》第3条的规定，村民委员会或者农村集体经济组织对涉及农村集体土地的行政行为不起诉的，过半数的村民可以以集体经济组织名义提起诉讼。农村集体经济组织成员全部转为城镇居民后，对涉及农村集体土地的行政行为不服的，过半数的原集体经济组织成员可以提起诉讼。

◆ **第二百六十五条　集体所有财产保护**

集体所有的财产受法律保护，禁止任何组织或者个人侵占、哄抢、私分、破坏。

农村集体经济组织、村民委员会或者其负责人作出的决定侵害集体成员合法权益的，受侵害的集体成员可以请求人民法院予以撤销。

◆ **第二百六十六条　私有财产的范围**

私人对其合法的收入、房屋、生活用品、生产工具、原材料等不动产和动产享有所有权。

名词解释

私人　与国家、集体相对应的物权主体，既包括我国的公民，也包括在我国合法取得财产的外国人和无国籍人；不仅包括自然人，而且包括个人独资企业、个人合伙等非公有制企业。

◆ **第二百六十七条　私有财产的保护**

私人的合法财产受法律保护，禁止任何组织或者个人侵占、哄抢、破坏。

名词解释

私有财产　私人拥有所有权的财产。其不但包括私人合法的收入、房屋、生活用品、生产工具、原材料等不动产和动产，而且包括私人合法的储蓄、投资及其收益，以及前述财产的继承权。

◆ **第二百六十八条　企业出资人权利**

国家、集体和私人依法可以出资设立有限责任公司、股份有限公司或者其他企业。国家、集体和私人所有的不动产或者动产投到企业的，由出资人按照约定或者出资比例享有资产收益、重大决策以及选择经营管理者等权利并履行义务。

◆ **第二百六十九条　法人财产权**

营利法人对其不动产和动产依照法律、行政法规以及章程享有占有、使用、收益和处分的权利。

营利法人以外的法人，对其不动产和动产的权利，适用有关法律、行政法规以及章程的规定。

◆ **第二百七十条　社会团体法人、捐助法人合法财产的保护**

社会团体法人、捐助法人依法所有的不动产和动产，受法律保护。

第六章　业主的建筑物区分所有权

◆ **第二百七十一条　建筑物区分所有权**

业主对建筑物内的住宅、经营性用房等专有部分享有所有权，对专有部分以外的共有部分享有共有和共同管理的权利。

实用问答

哪些人应当认定为《民法典》第2编第6章所称的业主？

答：根据《最高人民法院关于审理建筑物区分所有权纠纷案件适用法律若干问题的解释》第1条的规定，依法登记取得或者依据《民法典》第229～231条规定取得建筑物专有部分所有权的人，应当认定为《民法典》第2编第6章所称的业主。基于与建设单位之间的商品房买卖民事法律行为，已经合法占有建筑物专有部分，但尚未依法办理所有权登记的人，可以认定为《民法典》第2编第6章所称的业主。

◆ **第二百七十二条　业主对专有部分的权利和义务**

业主对其建筑物专有部分享有占有、使用、收益和处分的权利。业主行使权利不得危及建筑物的安全，不得损害其他业主的合法权益。

实用问答

哪些空间应当认定为《民法典》第 2 编第 6 章所称的专有部分？

答：根据《最高人民法院关于审理建筑物区分所有权纠纷案件适用法律若干问题的解释》第 2 条的规定，建筑区划内符合下列条件的房屋（包括整栋建筑物），以及车位、摊位等特定空间，应当认定为《民法典》第 2 编第 6 章所称的专有部分：（1）具有构造上的独立性，能够明确区分；（2）具有利用上的独立性，可以排他使用；（3）能够登记成为特定业主所有权的客体。规划上专属于特定房屋，且建设单位销售时已经根据规划列入该特定房屋买卖合同中的露台等，应当认定为前述所称的专有部分的组成部分。

◆ 第二百七十三条　业主对共有部分的权利和义务

业主对建筑物专有部分以外的共有部分，享有权利，承担义务；<u>不得以放弃权利为由不履行义务</u>。

业主转让建筑物内的住宅、经营性用房，其对共有部分享有的共有和共同管理的权利<u>一并转让</u>。

实用问答

1. 业主专有部分以外的共有部分主要包括哪些？

答：业主专有部分以外的共有部分，通常是指除建筑物内的住宅、经营性用房等专有部分以外的部分，既包括建筑物内的走廊、楼梯、过道、电梯、外墙面、水箱、水电气管线等部分，也包括建筑区划内，由业主共同使用的物业管理用房、绿地、道路、公用设施以及其他公共场所等部分，但法律另有规定的除外。

2. 除法律、法规规定的共有部分外，建筑区划内的哪些部分，也应当认定为《民法典》第 2 编第 6 章所称的共有部分？

答：根据《最高人民法院关于审理建筑物区分所有权纠纷案件适用法律若干问题的解释》第 3 条的规定，除法律、行政法规规定的共有部分外，建筑区划内的以下部分，也应当认定为《民法典》第 2 编第 6 章所称的共有部分：（1）建筑物的基础、承重结构、外墙、屋顶等基本结构部分，通道、楼梯、大堂等公共通行部分，消防、公共照明等附属设施、设备，避难层、设备层或者设备间等结构部分；（2）其他不属于业主专有部分，也不属于市政公用部分或者其他权利人所有的场所及设施等。建筑区划内的土地，依法由业主共同享有建设用地使用权，但属于业主专有的整栋建筑物的规划占地或者城镇公共道路、绿地占地除外。

◆ **第二百七十四条　建筑区划内道路、绿地等的权利归属**

建筑区划内的道路，属于业主共有，但是属于城镇公共道路的除外。建筑区划内的绿地，属于业主共有，但是属于城镇公共绿地或者明示属于个人的除外。建筑区划内的其他公共场所、公用设施和物业服务用房，属于业主共有。

◆ **第二百七十五条　车位、车库的归属**

建筑区划内，规划用于停放汽车的车位、车库的归属，由当事人通过出售、附赠或者出租等方式约定。

占用业主共有的道路或者其他场地用于停放汽车的车位，属于业主共有。

实用问答

哪些车位应当认定为《民法典》第 275 条第 2 款所称的车位?

答:根据《最高人民法院关于审理建筑物区分所有权纠纷案件适用法律若干问题的解释》第 6 条的规定,建筑区划内在规划用于停放汽车的车位之外,占用业主共有道路或者其他场地增设的车位,应当认定为《民法典》第 275 条第 2 款所称的车位。

> **第二百七十六条 车位、车库的首要用途**
>
> 建筑区划内,规划用于停放汽车的车位、车库应当首先满足业主的需要。

实用问答

建设单位有哪些行为时,应当认定其符合《民法典》第 276 条有关"应当首先满足业主的需要"的规定?

答:根据《最高人民法院关于审理建筑物区分所有权纠纷案件适用法律若干问题的解释》第 5 条的规定,建设单位按照配置比例将车位、车库,以出售、附赠或者出租等方式处分给业主的,应当认定其行为符合《民法典》第 276 条有关"应当首先满足业主的需要"的规定。前述所称配置比例是指规划确定的建筑区划内规划用于停放汽车的车位、车库与房屋套数的比例。

> **第二百七十七条 业主自治管理组织的设立及指导和协助**
>
> 业主可以设立业主大会,选举业主委员会。业主大会、业主委员会成立的具体条件和程序,依照法律、法规的规定。

地方人民政府有关部门、居民委员会应当对设立业主大会和选举业主委员会给予指导和协助。

名词解释

业主委员会 由业主大会会议选举产生，一般由5人以上的单数组成。业主委员会执行业主大会的决定，接受业主大会和业主的监督。

实用问答

业主委员会如何备案？委员的任职条件是什么？

答：根据《物业管理条例》第16条的规定，业主委员会应当自选举产生之日起30日内，向物业所在地的区、县人民政府房地产行政主管部门和街道办事处、乡镇人民政府备案。业主委员会委员应当由热心公益事业、责任心强、具有一定组织能力的业主担任。业主委员会主任、副主任在业主委员会成员中推选产生。

◆ **第二百七十八条　业主共同决定事项及表决**

下列事项由业主共同决定：
（一）制定和修改业主大会议事规则；
（二）制定和修改管理规约；
（三）选举业主委员会或者更换业主委员会成员；
（四）选聘和解聘物业服务企业或者其他管理人；
（五）使用建筑物及其附属设施的维修资金；
（六）筹集建筑物及其附属设施的维修资金；
（七）改建、重建建筑物及其附属设施；

（八）改变共有部分的用途或者利用共有部分从事经营活动；

（九）有关共有和共同管理权利的其他重大事项。

业主共同决定事项，应当由专有部分面积占比三分之二以上的业主且人数占比三分之二以上的业主参与表决。决定前款第六项至第八项规定的事项，应当经参与表决专有部分面积四分之三以上的业主且参与表决人数四分之三以上的业主同意。决定前款其他事项，应当经参与表决专有部分面积过半数的业主且参与表决人数过半数的业主同意。

实用问答

1. 什么时候应当组织召开业主大会会议？

答：根据《物业管理条例》第13条的规定，业主大会会议分为定期会议和临时会议。业主大会定期会议应当按照业主大会议事规则的规定召开。经20%以上的业主提议，业主委员会应当组织召开业主大会临时会议。

2. 哪些事项应当认定为《民法典》第278条第1款第9项规定的有关共有和共同管理权利的"其他重大事项"？

答：根据《最高人民法院关于审理建筑物区分所有权纠纷案件适用法律若干问题的解释》第7条的规定，处分共有部分，以及业主大会依法决定或者管理规约依法确定应由业主共同决定的事项，应当认定为《民法典》第278条第1款第9项规定的有关共有和共同管理权利的"其他重大事项"。

3.《民法典》第278条第2款规定的专有部分面积如何计算？

答：根据《最高人民法院关于审理建筑物区分所有权纠纷案件适用法律若干问题的解释》第8条的规定，《民法典》第278条第2

款规定的专有部分面积可以按照不动产登记簿记载的面积计算；尚未进行物权登记的，暂按测绘机构的实测面积计算；尚未进行实测的，暂按房屋买卖合同记载的面积计算。

4.《民法典》第 278 条第 2 款规定的业主人数如何计算？

答：根据《最高人民法院关于审理建筑物区分所有权纠纷案件适用法律若干问题的解释》第 9 条的规定，《民法典》第 278 条第 2 款规定的业主人数可以按照专有部分的数量计算，一个专有部分按一人计算。但建设单位尚未出售和虽已出售但尚未交付的部分，以及同一买受人拥有一个以上专有部分的，按一人计算。

◆ **第二百七十九条　业主改变住宅用途的限制条件**

业主不得违反法律、法规以及管理规约，将住宅改变为经营性用房。业主将住宅改变为经营性用房的，除遵守法律、法规以及管理规约外，应当经有利害关系的业主一致同意。

实用问答

1. 业主将住宅改为经营性用房未经有利害关系的业主一致同意的，有利害关系的业主是否有权请求赔偿损失？

答：根据《最高人民法院关于审理建筑物区分所有权纠纷案件适用法律若干问题的解释》第 10 条的规定，业主将住宅改变为经营性用房，未依据《民法典》第 279 条的规定经有利害关系的业主一致同意，有利害关系的业主请求排除妨害、消除危险、恢复原状或者赔偿损失的，人民法院应予支持。将住宅改变为经营性用房的业主以多数有利害关系的业主同意其行为进行抗辩的，人民法院不予支持。

2. 哪些业主应当认定为《民法典》第 279 条所称的"有利害关系的业主"？

答：根据《最高人民法院关于审理建筑物区分所有权纠纷案件适用法律若干问题的解释》第 11 条的规定，业主将住宅改变为经营性用房，本栋建筑物内的其他业主，应当认定为《民法典》第 279 条所称"有利害关系的业主"。建筑区划内，本栋建筑物之外的业主，主张与自己有利害关系的，应证明其房屋价值、生活质量受到或者可能受到不利影响。

◆ **第二百八十条　业主大会、业主委员会决定的效力**

业主大会或者业主委员会的决定，对业主具有法律约束力。

业主大会或者业主委员会作出的决定侵害业主合法权益的，受侵害的业主可以请求人民法院予以撤销。

实用问答

业主对业主大会或者业主委员会的决定行使撤销权是否有时间上的限制？

答：根据《最高人民法院关于审理建筑物区分所有权纠纷案件适用法律若干问题的解释》第 12 条的规定，业主以业主大会或者业主委员会作出的决定侵害其合法权益或者违反了法律规定的程序为由，依据《民法典》第 280 条第 2 款的规定请求人民法院撤销该决定的，应当在知道或者应当知道业主大会或者业主委员会作出决定之日起 1 年内行使。

◆ **第二百八十一条　建筑物及其附属设施维修资金的归属和处分**

建筑物及其附属设施的维修资金，属于业主共有。经业主共同决定，可以用于电梯、屋顶、外墙、无障碍设施等共有部分的维修、更新和改造。建筑物及其附属设施的维修资金的筹集、使用情况应当定期公布。

紧急情况下需要维修建筑物及其附属设施的，业主大会或者业主委员会可以依法申请使用建筑物及其附属设施的维修资金。

实用问答

挪用专项维修资金的，如何处罚？

答：根据《物业管理条例》第60条的规定，挪用专项维修资金的，由县级以上地方人民政府房地产行政主管部门追回挪用的专项维修资金，给予警告，没收违法所得，可以并处挪用数额2倍以下的罚款；构成犯罪的，依法追究直接负责的主管人员和其他直接责任人员的刑事责任。

◆ **第二百八十二条　共有部分的收入分配**

建设单位、物业服务企业或者其他管理人等利用业主的共有部分产生的收入，在扣除合理成本之后，属于业主共有。

实用问答

利用物业共用部位、共用设施设备进行经营的，应当如何办理手续？所得收益应当如何使用？

答：根据《物业管理条例》第54条的规定，利用物业共用部位、共用设施设备进行经营的,应当在征得相关业主、业主大会、物业服务企业的同意后,按照规定办理有关手续。业主所得收益应当主要用于补充专项维修资金,也可以按照业主大会的决定使用。

◆ **第二百八十三条　建筑物及其附属设施的费用分摊和收益分配**

建筑物及其附属设施的费用分摊、收益分配等事项,有约定的,按照约定;没有约定或者约定不明确的,按照业主专有部分面积所占比例确定。

◆ **第二百八十四条　建筑物及其附属设施管理**

业主可以自行管理建筑物及其附属设施,也可以委托物业服务企业或者其他管理人管理。

对建设单位聘请的物业服务企业或者其他管理人,业主有权依法更换。

◆ **第二百八十五条　业主与物业服务企业或其他管理人的关系**

物业服务企业或者其他管理人根据业主的委托,依照本法第三编有关物业服务合同的规定管理建筑区划内的建筑物及其附属设施,接受业主的监督,并及时答复业主对物业服务情况提出的询问。

物业服务企业或者其他管理人应当执行政府依法实施的应急处置措施和其他管理措施,积极配合开展相关工作。

> 实用问答

物业服务合同的当事人是谁？其应当对哪些内容进行约定？

答： 根据《物业管理条例》第 34 条的规定，业主委员会应当与业主大会选聘的物业服务企业订立书面的物业服务合同。物业服务合同应当对物业管理事项、服务质量、服务费用、双方的权利义务、专项维修资金的管理与使用、物业管理用房、合同期限、违约责任等内容进行约定。

◆ **第二百八十六条　业主的相关义务及责任**

业主应当<u>遵守法律、法规以及管理规约</u>，相关行为应当符合节约资源、保护生态环境的要求。对于<u>物业服务企业</u>或者其他管理人执行政府依法实施的应急处置措施和其他管理措施，业主应当依法予以配合。

业主大会或者业主委员会，对任意弃置垃圾、排放污染物或者噪声、违反规定饲养动物、违章搭建、侵占通道、拒付物业费等<u>损害他人合法权益的行为</u>，有权依照法律、法规以及管理规约，请求行为人<u>停止侵害</u>、排除妨碍、消除危险、恢复原状、赔偿损失。

业主或者其他行为人拒不履行相关义务的，有关当事人可以向有关行政主管部门<u>报告或者投诉</u>，有关行政主管部门应当依法处理。

实用问答

业主或者其他行为人的哪些行为可以认定为《民法典》第286条第2款所称的其他"损害他人合法权益的行为"？

答：根据《最高人民法院关于审理建筑物区分所有权纠纷案件适用法律若干问题的解释》第15条的规定，业主或者其他行为人违反法律、法规、国家相关强制性标准、管理规约，或者违反业主大会、业主委员会依法作出的决定，实施下列行为的，可以认定为《民法典》第286条第2款所称的其他"损害他人合法权益的行为"：（1）损害房屋承重结构，损害或者违章使用电力、燃气、消防设施，在建筑物内放置危险、放射性物品等危及建筑物安全或者妨碍建筑物正常使用；（2）违反规定破坏、改变建筑物外墙面的形状、颜色等损害建筑物外观；（3）违反规定进行房屋装饰装修；（4）违章加建、改建，侵占、挖掘公共通道、道路、场地或者其他共有部分。

典型案例

黄某诉某物业服务有限公司健康权纠纷案[①]

要旨：《民法典》明确规定，业主应当配合物业服务企业等执行政府依法实施的应急处置措施和其他管理措施，为物业企业履行疫情防控职责提供了明确的法律依据。本案是人民法院依法处理涉疫情防控措施民事纠纷，为社区依法实施应急处置措施提供坚强司法保障的典型案件。在疫情防控形势依然严峻的时候，社区是疫情联防联控的第一线，

[①] 参见《人民法院贯彻实施民法典典型案例（第一批）》之四。

是遏制疫情扩散蔓延的重要战场，必须落实落细各项防控措施。查码验行虽然给居民日常出行增添了些许麻烦，却是防控疫情的必要举措，意义重大，每个公民都应积极予以配合。本案中，审理法院严格把握侵权责任的归责原则，分清是非、亮明态度、不和稀泥，依法支持社区履行防疫职责，有助于引导社会公众自觉遵守防疫秩序，凸显了司法服务和保障大局的作用。

◆ **第二百八十七条　业主合法权益的保护**

业主对建设单位、物业服务企业或者其他管理人以及其他业主侵害自己合法权益的行为，有权请求其承担民事责任。

实用问答

业主在物业管理活动中，享有哪些权利？

答：根据《物业管理条例》第6条的规定，房屋的所有权人为业主。业主在物业管理活动中，享有下列权利：（1）按照物业服务合同的约定，接受物业服务企业提供的服务；（2）提议召开业主大会会议，并就物业管理的有关事项提出建议；（3）提出制定和修改管理规约、业主大会议事规则的建议；（4）参加业主大会会议，行使投票权；（5）选举业主委员会成员，并享有被选举权；（6）监督业主委员会的工作；（7）监督物业服务企业履行物业服务合同；（8）对物业共用部位、共用设施设备和相关场地使用情况享有知情权和监督权；（9）监督物业共用部位、共用设施设备专项维修资金的管理和使用；（10）法律、法规规定的其他权利。

第七章 相邻关系

◆ 第二百八十八条 处理相邻关系的原则

不动产的相邻权利人应当按照有利生产、方便生活、团结互助、公平合理的原则,正确处理相邻关系。

◆ 第二百八十九条 处理相邻关系的法律依据

法律、法规对处理相邻关系有规定的,依照其规定;法律、法规没有规定的,可以按照当地习惯。

◆ 第二百九十条 用水、排水相邻关系

不动产权利人应当为相邻权利人用水、排水提供必要的便利。

对自然流水的利用,应当在不动产的相邻权利人之间合理分配。对自然流水的排放,应当尊重自然流向。

◆ 第二百九十一条 通行相邻关系

不动产权利人对相邻权利人因通行等必须利用其土地的,应当提供必要的便利。

◆ **第二百九十二条　相邻土地的利用**

不动产权利人因建造、修缮建筑物以及铺设电线、电缆、水管、暖气和燃气管线等必须利用相邻土地、建筑物的，该土地、建筑物的权利人应当提供必要的便利。

◆ **第二百九十三条　相邻通风、采光和日照**

建造建筑物，不得违反国家有关工程建设标准，不得妨碍相邻建筑物的通风、采光和日照。

◆ **第二百九十四条　相邻不动产之间不可量物侵害**

不动产权利人不得违反国家规定弃置固体废物，排放大气污染物、水污染物、土壤污染物、噪声、光辐射、电磁辐射等有害物质。

◆ **第二百九十五条　维护相邻不动产安全**

不动产权利人挖掘土地、建造建筑物、铺设管线以及安装设备等，不得危及相邻不动产的安全。

实用问答

如何理解《民法典》第 295 条中的"不得危及相邻不动产的安全"？

答：《民法典》第 295 条中的"不得危及相邻不动产的安全"主要包括以下几个方面：第一，在自己的土地上开挖地基时，要注意避免使相邻土地的地基发生动摇或有动摇之危险，使相邻土地上的建筑物受到损害。第二，在相邻不动产的疆界线附近埋设水管时，要预防土沙崩溃、水或污水渗漏到相邻不动产。第三，不动产权利人在自己的土地范围内种植的竹木根枝伸延，危及另一方建筑物的安全和正常使用时，应当消除危险，恢复原状。第四，不动产权利人在相邻土地上的建筑物有倒塌的危险从而可能危及自己土地及建筑物安全时，有权要求相邻不动产权利人消除危险。

◆ **第二百九十六条　使用相邻不动产避免造成损害**

不动产权利人因用水、排水、通行、铺设管线等利用相邻不动产的，应当尽量避免对相邻的不动产权利人造成损害。

第八章 共　　有

◆ **第二百九十七条　共有及其形式**

不动产或者动产可以由两个以上组织、个人共有。共有包括按份共有和共同共有。

名词解释

共有　多个权利主体对一物共同享有所有权。共有的主体称为共有人，客体称为共有财产或共有物。各共有人之间因财产共有形成的权利义务关系，称为共有关系。

◆ **第二百九十八条　按份共有**

按份共有人对共有的不动产或者动产按照其份额享有所有权。

名词解释

按份共有　又称分别共有，是与共同共有相对应的一项制度，指数人按应有份额对共有物共同享有权利和分担义务的共有。

◆ **第二百九十九条　共同共有**

共同共有人对共有的不动产或者动产共同享有所有权。

名词解释

共同共有　两个或两个以上的民事主体，根据某种共同关系而对某项财产不分份额地共同享有权利并承担义务。

实用问答

共同共有具有哪些特征？

答：共同共有具有以下特征：（1）共同共有根据共同关系而产生，以共同关系的存在为前提，如夫妻关系、家庭关系。（2）在共同共有关系存续期间内，共有财产不分份额。（3）在共同共有中，各共有人平等地对共有物享有权利和承担义务。

◆ **第三百条　对共有物的管理**

共有人按照约定管理共有的不动产或者动产；没有约定或者约定不明确的，各共有人都有管理的权利和义务。

◆ **第三百零一条　共有物的处分、重大修缮和性质、用途变更**

处分共有的不动产或者动产以及对共有的不动产或者动产作重大修缮、变更性质或者用途的，应当经占份额三分之二以上的按份共有人或者全体共同共有人同意，但是共有人之间另有约定的除外。

◆ **第三百零二条　共有物管理费用负担**

共有人对共有物的管理费用以及其他负担，有约定的，按照其约定；没有约定或者约定不明确的，按份共有人按照其份额负担，共同共有人共同负担。

实用问答

对共有物的管理费用主要包括哪些？

答：对共有物的管理费用主要包括以下几项：第一，对共有物的保存费用。第二，对共有物作简易修缮或者重大修缮所支出的费用。第三，对共有物的其他费用负担。

◆ **第三百零三条　共有财产分割原则**

共有人约定不得分割共有的不动产或者动产，以维持共有关系的，应当按照约定，但是共有人有重大理由需要分割的，可以请求分割；没有约定或者约定不明确的，按份共有人可以随时请求分割，共同共有人在共有的基础丧失或者有重大理由需要分割时可以请求分割。因分割造成其他共有人损害的，应当给予赔偿。

实用问答

人民法院裁定债务人重整或者和解的，共有财产的分割应当如何进行？

答：根据《最高人民法院关于适用〈中华人民共和国企业破产法〉若干问题的规定（二）》第 4 条第 2 款的规定，人民法院宣告债务人破产清算，属于共有财产分割的法定事由。人民法院裁定债务人重整或者和解的，共有财产的分割应当依据《民法典》第 303 条的规定进行；基于重整或者和解的需要必须分割共有财产，管理人请求分割的，人民法院应予准许。

> ◆ **第三百零四条　共有物的分割方式**
>
> 　　共有人可以协商确定分割方式。达不成协议，共有的不动产或者动产可以分割且不会因分割减损价值的，<u>应当对实物予以分割</u>；难以分割或者因分割会减损价值的，应当<u>对折价或者拍卖、变卖取得的价款予以分割</u>。
> 　　共有人分割所得的不动产或者动产有瑕疵的，其他共有人<u>应当分担损失</u>。

> ◆ **第三百零五条　按份共有人的优先购买权**
>
> 　　按份共有人可以转让其享有的共有的不动产或者动产份额。其他共有人在同等条件下享有<u>优先购买</u>的权利。

实用问答

1.《民法典》第 305 条所称的"同等条件"，应当综合哪些因素确定？

答：根据《最高人民法院关于适用〈中华人民共和国民法典〉物权编的解释（一）》第 10 条的规定，《民法典》第 305 条所称的"同等条件"，应当综合共有份额的转让价格、价款履行方式及期限等因素确定。

2. 优先购买权的行使期间，按份共有人之间没有约定或者约定不明的，如何确定？

答：根据《最高人民法院关于适用〈中华人民共和国民法典〉物权编的解释（一）》第 11 条的规定，优先购买权的行使期间，按份共有人之间有约定的，按照约定处理；没有约定或者约定不明的，按照下列情形确定：（1）转让人向其他按份共有人发出的包含同等条件内容的通知中载明行使期间的，以该期间为准；（2）通知中未载明行使期间，或者载明的期间短于通知送达之日起 15 日的，为 15 日；（3）转让人未通知的，为其他按份共有人知道或者应当知道最终确定的同等条件之日起 15 日；（4）转让人未通知，且无法确定其他按份共有人知道或者应当知道最终确定的同等条件的，为共有份额权属转移之日起 6 个月。

3. 按份共有人之间转让共有份额，其他按份共有人可以主张优先购买吗？

答：根据《最高人民法院关于适用〈中华人民共和国民法典〉物权编的解释（一）》第 13 条的规定，按份共有人之间转让共有份额，其他按份共有人主张依据《民法典》第 305 条规定优先购买的，不予支持，但按份共有人之间另有约定的除外。

◆ **第三百零六条　优先购买权的实现方式**

按份共有人转让其享有的共有的不动产或者动产份额的，应当将转让条件及时通知其他共有人。其他共有人应当在合理期限内行使优先购买权。

两个以上其他共有人主张行使优先购买权的，协商确定各自的购买比例；协商不成的，按照转让时各自的共有份额比例行使优先购买权。

> 实用问答

按份共有人向共有人之外的人转让其份额，其他按份共有人可否请求按照同等条件优先购买该共有份额？

答：根据《最高人民法院关于适用〈中华人民共和国民法典〉物权编的解释（一）》第12条的规定，按份共有人向共有人之外的人转让其份额，其他按份共有人根据法律、司法解释规定，请求按照同等条件优先购买该共有份额的，应予支持。其他按份共有人的请求具有下列情形之一的，不予支持：（1）未在该解释第11条规定的期间内主张优先购买，或者虽主张优先购买，但提出减少转让价款、增加转让人负担等实质性变更要求；（2）以其优先购买权受到侵害为由，仅请求撤销共有份额转让合同或者认定该合同无效。

◆ **第三百零七条　因共有财产产生的债权债务关系的对外、对内效力**

因共有的不动产或者动产产生的债权债务，在对外关系上，共有人享有连带债权、承担连带债务，但是法律另有规定或者第三人知道共有人不具有连带债权债务关系的除外；在共有人内部关系上，除共有人另有约定外，按份共有人按照份额享有债权、承担债务，共同共有人共同享有债权、承担债务。偿还债务超过自己应当承担份额的按份共有人，有权向其他共有人追偿。

◆ **第三百零八条　按份共有的推定**

共有人对共有的不动产或者动产没有约定为按份共有或者共同共有，或者约定不明确的，除共有人具有家庭关系等外，视为按份共有。

◆ 第三百零九条 按份共有人份额的确定

按份共有人对共有的不动产或者动产享有的份额,没有约定或者约定不明确的,按照出资额确定;不能确定出资额的,视为等额享有。

◆ 第三百一十条 用益物权、担保物权的准共有

两个以上组织、个人共同享有用益物权、担保物权的,参照适用本章的有关规定。

实用问答

什么是准共有?准共有具有哪些特征?

答:所谓准共有,是指两个以上的组织、个人对所有权以外的财产权共同享有权利的共有。

准共有具有以下特征:(1)准共有的标的物是所有权之外的财产权,包括用益物权、担保物权等。(2)准共有准用共有的有关规定,个人就所有权之外的财产究竟是准用共同共有还是按份共有的规定,应当视其共有关系而定。(3)准共有准用按份共有或共同共有的规定的前提,是规范该财产权的法律没有特别规定。如果有,则应首先适用该特别规定。

第九章　所有权取得的特别规定

◆ **第三百一十一条　善意取得**

无处分权人将不动产或者动产转让给受让人的,所有权人有权追回;除法律另有规定外,符合下列情形的,受让人取得该不动产或者动产的所有权:

（一）受让人受让该不动产或者动产时是善意;

（二）以合理的价格转让;

（三）转让的不动产或者动产依照法律规定应当登记的已经登记,不需要登记的已经交付给受让人。

受让人依据前款规定取得不动产或者动产的所有权的,原所有权人有权向无处分权人请求损害赔偿。

当事人善意取得其他物权的,参照适用前两款规定。

名词解释

善意取得　受让人以转移财产所有权为目的,善意、对价受让且占有该财产,即使出让人无转移所有权的权利,受让人仍可取得该财产的所有权。善意取得既适用于动产,又适用于不动产。

实用问答

如何认定《民法典》第 311 条第 1 款第 2 项所称的"合理的价格"?

答:根据《最高人民法院关于适用〈中华人民共和国民法典〉物权编的解释(一)》第 18 条的规定,《民法典》第 311 条第 1 款第 2 项所称"合理的价格",应当根据转让标的物的性质、数量以及付款方式等具体情况,参考转让时交易地市场价格以及交易习惯等因素综合认定。

◆ **第三百一十二条 遗失物的善意取得**

所有权人或者其他权利人有权追回遗失物。该遗失物通过转让被他人占有的,权利人有权向无处分权人请求损害赔偿,或者自知道或者应当知道受让人之日起二年内向受让人请求返还原物;但是,受让人通过拍卖或者向具有经营资格的经营者购得该遗失物的,权利人请求返还原物时应当支付受让人所付的费用。权利人向受让人支付所付费用后,有权向无处分权人追偿。

典型案例

汪某某与朱某某不当得利纠纷案[①]

要旨:所有权人或者其他权利人有权追回遗失物,该遗失物通过转让被他人占有的,权利人有权向无处分权人请求损害赔偿。本

---

① 参见江苏省灌南县人民法院(2014)南民初字第 0640 号民事判决书。

案原告丢失的两只羊被被告捡到，被告在找不到失主的情况下卖与他人，对羊的原权利人即原告汪某某的所有权造成了损害，故原告汪某某有权向无权处分人即被告朱某某请求赔偿其羊的损失。

◆ **第三百一十三条　善意取得的动产上原有权利的消灭**

善意受让人取得动产后，该动产上的原有权利消灭。但是，善意受让人在受让时知道或者应当知道该权利的除外。

典型案例

盘锦路路通实业有限公司与高某返还原物纠纷案[1]

要旨：善意的受让人取得动产后，该动产上的原有权利消灭。本案中，路路通实业有限公司已自转让人曹某某处受让车辆，对曹某某无处分权不知情且无重大过失，并且已经支付了合理对价34万元，转让车辆已交付完毕。路路通实业有限公司已经善意取得涉案车辆的所有权，该车辆的原所有权人的所有权已经消灭。故原权利人高某无权直接将该涉案车辆开走，应将车辆返还给路路通实业有限公司。

◆ **第三百一十四条　拾得遗失物的返还**

拾得遗失物，应当返还权利人。拾得人应当及时通知权利人领取，或者送交公安等有关部门。

---

[1] 参见辽宁省盘锦市中级人民法院（2017）辽11民终471号民事判决书。

名词解释

遗失物 原权利人非故意抛弃而丢失的物品。

◆ 第三百一十五条 有关部门收到遗失物的处理

有关部门收到遗失物，知道权利人的，应当及时通知其领取；不知道的，应当及时发布招领公告。

◆ 第三百一十六条 遗失物保管

拾得人在遗失物送交有关部门前，有关部门在遗失物被领取前，应当妥善保管遗失物。因故意或者重大过失致使遗失物毁损、灭失的，应当承担民事责任。

◆ 第三百一十七条 权利人在领取遗失物时应尽义务

权利人领取遗失物时，应当向拾得人或者有关部门支付保管遗失物等支出的必要费用。

权利人悬赏寻找遗失物的，领取遗失物时应当按照承诺履行义务。

拾得人侵占遗失物的，无权请求保管遗失物等支出的费用，也无权请求权利人按照承诺履行义务。

◆ 第三百一十八条 公告期满无人认领的遗失物归属

遗失物自发布招领公告之日起一年内无人认领的，归国家所有。

📄 **实用问答**

旅馆对旅客遗留的物品应如何处置？

答：根据《旅馆业治安管理办法》第 8 条的规定，旅馆对旅客遗留的物品，应当妥为保管，设法归还原主或揭示招领；经招领 3 个月后无人认领的，要登记造册，送当地公安机关按拾遗物品处理。对违禁物品和可疑物品，应当及时报告公安机关处理。

◆ **第三百一十九条　拾得漂流物、发现埋藏物或隐藏物**

拾得漂流物、发现埋藏物或者隐藏物的，参照适用拾得遗失物的有关规定。法律另有规定的，依照其规定。

✏️ **名词解释**

漂流物　漂浮在江河湖海等水面上的物。
埋藏物　埋藏于地下、所有权人不明的物。
隐藏物　隐藏于其他不动产或者动产中的物。

◆ **第三百二十条　从物随主物转让**

主物转让的，<u>从物随主物转让</u>，但是当事人另有约定的除外。

典型案例

中信银行股份有限公司
昆明分行与李某返还原物纠纷案[1]

要旨：除当事人另有约定外，主物转让的，从物随主物转让。本案中涉案车辆为主物，车辆合格证为从物，李某购车时已全额支付购车价款并取得车辆所有权，但作为从物的车辆合格证却并未随车辆一并交付。虽然第三人中信银行股份有限公司昆明分行对车辆合格证享有抵押权，但该权利不能对抗李某的所有权。故李某有权请求其返还作为从物的车辆合格证。

> ◆ **第三百二十一条　天然孳息和法定孳息的归属**
>
> 天然孳息，由所有权人取得；既有所有权人又有用益物权人的，由用益物权人取得。当事人另有约定的，按照其约定。
>
> 法定孳息，当事人有约定的，按照约定取得；没有约定或者约定不明确的，按照交易习惯取得。

名词解释

天然孳息　依物的自然属性所产生的物。

法定孳息　依一定的法律关系由原物所生的物，是原物的所有权人进行租赁、投资等特定的民事法律活动而应当获得的合法收益。

---

[1] 参见云南省昆明市中级人民法院（2017）云01民终740号民事判决书。

◆ 第三百二十二条 添附

因加工、附合、混合而产生的物的归属，有约定的，按照约定；没有约定或者约定不明确的，依照法律规定；法律没有规定的，按照充分发挥物的效用以及保护无过错当事人的原则确定。因一方当事人的过错或者确定物的归属造成另一方当事人损害的，应当给予赔偿或者补偿。

名词解释

添附 不同所有人的物被结合、混合在一起成为一个新物，或者利用别人之物加工成为新物的事实状态。加工、附合、混合统称添附，其中附合、混合为物与物相结合，加工为劳力与他人之物相结合。添附的发生有的基于人的行为，也有的基于自然的偶然因素。

典型案例

某金属表面处理公司与某铁塔公司破产债权确认纠纷案[1]

要旨：《民法典》新增添附制度，明确规定添附物所有权归属的认定方式，以及因此造成当事人损害的赔偿或补偿规则，使我国有关产权保护的法律规则体系更加完备。本案中，审理法院依法认定添附物的所有权优先按合同约定确定归属，同时妥善解决因确定添附物归属造成当事人损害的赔偿问题，有效维护了物的归属和利用关系，有利于保障诚信、公平的市场交易秩序。

---

[1] 参见《人民法院贯彻实施民法典典型案例（第二批）》之四。

第三分编 用益物权

第十章 一般规定

◆ **第三百二十三条 用益物权人享有的基本权利**

用益物权人对他人所有的不动产或者动产，依法享有占有、使用和收益的权利。

◆ **第三百二十四条 国有和集体所有自然资源的用益物权**

国家所有或者国家所有由集体使用以及法律规定属于集体所有的自然资源，组织、个人依法可以占有、使用和收益。

典型案例

杜某某与刘某某土地承包经营权纠纷案[①]

要旨：我国《水法》第3条规定，水资源属于国家所有。水资

[①] 参见辽宁省阜新市中级人民法院（2019）辽09民终356号民事判决书。

源的所有权由国务院代表国家行使。农村集体经济组织的水塘和由农村集体经济组织修建管理的水库中的水，归各该农村集体经济组织使用。国家所有或者集体所有的自然资源，单位、个人依法可以占用、使用和收益。本案中，水库管理所依法将其所有的鱼池发包给杜某某使用，杜某某在与水库管理所签订鱼池承包合同后依法对该鱼池享有用益物权。刘某某未经杜某某许可，擅自侵占其鱼池，依法应承担责任。

◆ **第三百二十五条　自然资源使用制度**

国家实行自然资源有偿使用制度，但是法律另有规定的除外。

📝 名词解释

自然资源有偿使用制度　国家以自然资源所有者和管理者的双重身份，为实现所有者权益，保障自然资源的可持续利用，向使用自然资源的组织和个人收取自然资源使用费的制度。

◆ **第三百二十六条　用益物权人权利的行使**

用益物权人行使权利，应当遵守法律有关保护和合理开发利用资源、保护生态环境的规定。所有权人不得干涉用益物权人行使权利。

◆ **第三百二十七条　用益物权人因征收、征用有权获得补偿**

因不动产或者动产被征收、征用致使用益物权消灭或者影响用益物权行使的，用益物权人有权依据本法第二百四十三条、第二百四十五条的规定获得相应补偿。

实用问答

承包地被依法征收的，承包方可以请求发包方给付地上附着物和青苗的补偿费吗？这两项补偿费归承包方所有吗？

答：根据《最高人民法院关于审理涉及农村土地承包纠纷案件适用法律问题的解释》第20条的规定，承包地被依法征收，承包方请求发包方给付已经收到的地上附着物和青苗的补偿费的，应予支持。承包方已将土地经营权以出租、入股或者其他方式流转给第三人的，除当事人另有约定外，青苗补偿费归实际投入人所有，地上附着物补偿费归附着物所有人所有。

◆ **第三百二十八条　海域使用权的法律保护**

依法取得的海域使用权受法律保护。

名词解释

海域使用权　组织或者个人依法取得的对国家所有的特定海域的排他性使用权。

实用问答

1. 海域使用权最高期限如何确定？

答：根据《海域使用管理法》第 25 条的规定，海域使用权最高期限，按照下列用途确定：（1）养殖用海 15 年；（2）拆船用海 20 年；（3）旅游、娱乐用海 25 年；（4）盐业、矿业用海 30 年；（5）公益事业用海 40 年；（6）港口、修造船厂等建设工程用海 50 年。

2. 海域使用权期限届满后，如何申请续期？

答：根据《海域使用管理法》第 26 条的规定，海域使用权期限届满，海域使用权人需要继续使用海域的，应当至迟于期限届满前 2 个月向原批准用海的人民政府申请续期。除根据公共利益或者国家安全需要收回海域使用权的外，原批准用海的人民政府应当批准续期。准予续期的，海域使用权人应当依法缴纳续期的海域使用金。

◆ 第三百二十九条 合法探矿权等权利的法律保护

依法取得的探矿权、采矿权、取水权和使用水域、滩涂从事养殖、捕捞的权利受法律保护。

实用问答

哪些情形不需要申请领取取水许可证？

答：根据《取水许可和水资源费征收管理条例》第 4 条第 1 款的规定，下列情形不需要申请领取取水许可证：（1）农村集体经济组织及其成员使用本集体经济组织的水塘、水库中的水的；（2）家庭生活和零星散养、圈养畜禽饮用等少量取水的；（3）为保障矿井等地下工程施工安全和生产安全必须进行临时应急取（排）水的；（4）为消除对公共安全或者公共利益的危害临时应急取水的；（5）为农业抗旱和维护生态与环境必须临时应急取水的。

第十一章　土地承包经营权

◆ **第三百三十条　双层经营体制与土地承包经营制度**

农村集体经济组织实行家庭承包经营为基础、统分结合的双层经营体制。

农民集体所有和国家所有由农民集体使用的耕地、林地、草地以及其他用于农业的土地,依法实行土地承包经营制度。

名词解释

双层经营体制　我国农村实行联产承包制以后形成的家庭分散经营和集体统一经营相结合的经营形式。

◆ **第三百三十一条　土地承包经营权人享有的基本权利**

土地承包经营权人依法对其承包经营的耕地、林地、草地等享有占有、使用和收益的权利,有权从事种植业、林业、畜牧业等农业生产。

实用问答

承包方享有哪些权利?

答:根据《农村土地承包法》第 17 条的规定,承包方享有下列权利：（1）依法享有承包地使用、收益的权利，有权自主组织生产经营和处置产品；（2）依法互换、转让土地承包经营权；（3）依法流转土地经营权；（4）承包地被依法征收、征用、占用的，有权依法获得相应的补偿；（5）法律、行政法规规定的其他权利。

◆ **第三百三十二条　土地承包期**

耕地的承包期为三十年。草地的承包期为三十年至五十年。林地的承包期为三十年至七十年。

前款规定的承包期限届满，由土地承包经营权人依照农村土地承包的法律规定继续承包。

名词解释

承包期限　农村土地承包经营权存续的期间。在此期间内，承包方享有土地承包经营权，依照法律的规定和合同的约定，行使权利，承担义务。

◆ **第三百三十三条　土地承包经营权的设立和登记**

土地承包经营权自土地承包经营权合同生效时设立。

登记机构应当向土地承包经营权人发放土地承包经营权证、林权证等证书，并登记造册，确认土地承包经营权。

实用问答

发包方就同一土地签订两个以上承包合同，承包方均主张取得土地经营权的，应如何处理？

答：根据《最高人民法院关于审理涉及农村土地承包纠纷案件

适用法律问题的解释》第19条的规定，发包方就同一土地签订两个以上承包合同，承包方均主张取得土地经营权的，按照下列情形，分别处理：（1）已经依法登记的承包方，取得土地经营权；（2）均未依法登记的，生效在先合同的承包方取得土地经营权；（3）依前两项规定无法确定的，已经根据承包合同合法占有使用承包地的人取得土地经营权，但争议发生后一方强行先占承包地的行为和事实，不得作为确定土地经营权的依据。

◆ 第三百三十四条　土地承包经营权的互换、转让

土地承包经营权人依照法律规定，有权将土地承包经营权互换、转让。未经依法批准，不得将承包地用于非农建设。

◆ 第三百三十五条　土地承包经营权互换、转让的登记

土地承包经营权互换、转让的，当事人可以向登记机构申请登记；未经登记，不得对抗善意第三人。

◆ 第三百三十六条　承包地的调整

承包期内发包人不得调整承包地。

因自然灾害严重毁损承包地等特殊情形，需要适当调整承包的耕地和草地的，应当依照农村土地承包的法律规定办理。

实用问答

承包期内可否调整个别农户之间的耕地和草地？

答：根据《农村土地承包法》第28条第2款的规定，承包期内，因自然灾害严重毁损承包地等特殊情形对个别农户之间承包的

耕地和草地需要适当调整的，必须经本集体经济组织成员的村民会议 2/3 以上成员或者 2/3 以上村民代表的同意，并报乡（镇）人民政府和县级人民政府农业农村、林业和草原等主管部门批准。承包合同中约定不得调整的，按照其约定。

◆ **第三百三十七条　承包地的收回**

承包期内发包人不得收回承包地。法律另有规定的，依照其规定。

实用问答

如何保护进城农户的土地承包经营权？

答：根据《农村土地承包法》第 27 条第 2～4 款的规定，国家保护进城农户的土地承包经营权。不得以退出土地承包经营权作为农户进城落户的条件。承包期内，承包农户进城落户的，引导支持其按照自愿有偿原则依法在本集体经济组织内转让土地承包经营权或者将承包地交回发包方，也可以鼓励其流转土地经营权。承包期内，承包方交回承包地或者发包方依法收回承包地时，承包方对其在承包地上投入而提高土地生产能力的，有权获得相应的补偿。

◆ **第三百三十八条　承包地的征收补偿**

承包地被征收的，土地承包经营权人有权依据本法第二百四十三条的规定获得相应补偿。

实用问答

征收农用地的土地补偿费、安置补助费标准如何确定?

答:根据《土地管理法》第 48 条第 3 款的规定,征收农用地的土地补偿费、安置补助费标准由省、自治区、直辖市通过制定公布区片综合地价确定。制定区片综合地价应当综合考虑土地原用途、土地资源条件、土地产值、土地区位、土地供求关系、人口以及经济社会发展水平等因素,并至少每 3 年调整或者重新公布一次。

◆ **第三百三十九条 土地经营权的流转**

土地承包经营权人可以自主决定依法采取出租、入股或者其他方式向他人流转土地经营权。

实用问答

1. 如何理解《民法典》第 339 条所称的"出租"?

答:《民法典》第 339 条所称的"出租",是指承包方以与非本集体经济组织成员的受让方签订租赁合同的方式设立土地经营权,由受让方在合同期限内占有、使用承包地,并按照约定向承包方支付租金的流转土地经营权的方式。

2. 如何理解《民法典》第 339 条所称的"入股"?

答:《民法典》第 339 条所称的"入股",是指承包方将土地经营权作为出资方式,投入到农民专业合作社、农业公司等,并按照出资协议约定取得分红的流转土地经营权的方式。

◆ **第三百四十条　土地经营权人享有的基本权利**

土地经营权人有权在合同约定的期限内占有农村土地，自主开展农业生产经营并取得收益。

实用问答

土地经营权人的权利包括哪些？

答：根据《农村土地承包法》等相关法律的规定，土地经营权人的权利具体包括以下几个方面的内容：（1）占有权；（2）使用权；（3）收益权；（4）改良土壤、建设附属设施的权利；（5）再流转的权利；（6）以土地经营权融资担保的权利；（7）其他权利。

◆ **第三百四十一条　土地经营权的设立及登记**

流转期限为五年以上的土地经营权，自流转合同生效时设立。当事人可以向登记机构申请土地经营权登记；未经登记，不得对抗善意第三人。

◆ **第三百四十二条　其他方式承包的土地经营权流转**

通过招标、拍卖、公开协商等方式承包农村土地，经依法登记取得权属证书的，可以依法采取出租、入股、抵押或者其他方式流转土地经营权。

实用问答

承包经营"四荒地"的方式有哪些？有什么注意事项？

答：根据《农村土地承包法》第 50 条的规定，荒山、荒沟、荒丘、荒滩等可以直接通过招标、拍卖、公开协商等方式实行承包经营，也可以将土地经营权折股分给本集体经济组织成员后，再实行承包经营或者股份合作经营。承包荒山、荒沟、荒丘、荒滩的，应当遵守有关法律、行政法规的规定，防止水土流失，保护生态环境。

◆ 第三百四十三条　国有农用地实行承包经营的法律适用

国家所有的农用地实行承包经营的，参照适用本编的有关规定。

第十二章　建设用地使用权

◆ **第三百四十四条　建设用地使用权的概念**

建设用地使用权人依法对国家所有的土地享有占有、使用和收益的权利，有权利用该土地建造建筑物、构筑物及其附属设施。

名词解释

构筑物　不具有居住或者生产经营功能的人工建造物，如道路、桥梁、隧道、水池、水塔、纪念碑等。

附属设施　附属于建筑物、构筑物的一些设施。

◆ **第三百四十五条　建设用地使用权的分层设立**

建设用地使用权可以在土地的地表、地上或者地下分别设立。

实用问答

城市地下空间的开发和利用，应当遵循哪些原则？

答：根据《城乡规划法》第33条的规定，城市地下空间的开发和利用，应当与经济和技术发展水平相适应，遵循统筹安排、综合开发、合理利用的原则，充分考虑防灾减灾、人民防空和通信等需要，并符合城市规划，履行规划审批手续。

◆ 第三百四十六条　建设用地使用权的设立原则

设立建设用地使用权，应当符合节约资源、保护生态环境的要求，遵守法律、行政法规关于土地用途的规定，不得损害已经设立的用益物权。

◆ 第三百四十七条　建设用地使用权的设立方式

设立建设用地使用权，可以采取出让或者划拨等方式。

工业、商业、旅游、娱乐和商品住宅等经营性用地以及同一土地有两个以上意向用地者的，应当采取招标、拍卖等公开竞价的方式出让。

严格限制以划拨方式设立建设用地使用权。

名词解释

划拨　无偿取得建设用地使用权的一种方式，是指县级以上人民政府依法批准，在建设用地使用权人缴纳补偿、安置等费用后将该幅土地交付其使用，或者将建设用地使用权无偿交付给建设用地使用权人使用的行为。

实用问答

哪些建设用地可以以划拨方式取得？

答：根据《土地管理法》第 54 条的规定，建设单位使用国有土地，应当以出让等有偿使用方式取得；但是，下列建设用地，经县级以上人民政府依法批准，可以以划拨方式取得：（1）国家机关用地和军事用地；（2）城市基础设施用地和公益事业用地；（3）国家重点扶持的能源、交通、水利等基础设施用地；（4）法律、行政法规规定的其他用地。

◆ **第三百四十八条　建设用地使用权出让合同**

通过招标、拍卖、协议等出让方式设立建设用地使用权的，当事人应当采用书面形式订立建设用地使用权出让合同。

建设用地使用权出让合同一般包括下列条款：

（一）当事人的名称和住所；
（二）土地界址、面积等；
（三）建筑物、构筑物及其附属设施占用的空间；
（四）土地用途、规划条件；
（五）建设用地使用权期限；
（六）出让金等费用及其支付方式；
（七）解决争议的方法。

实用问答

签订土地使用权出让合同应当遵循什么原则？合同双方是谁？

答：根据《城镇国有土地使用权出让和转让暂行条例》第11条的规定，土地使用权出让合同应当按照平等、自愿、有偿的原则，由市、县人民政府土地管理部门与土地使用者签订。

◆ 第三百四十九条　建设用地使用权的登记

设立建设用地使用权的，应当向登记机构申请建设用地使用权登记。建设用地使用权<u>自登记时设立</u>。登记机构应当向建设用地使用权人发放权属证书。

◆ 第三百五十条　土地用途

建设用地使用权人应当合理利用土地，<u>不得改变土地用途</u>；需要改变土地用途的，应当依法经有关行政主管部门批准。

实用问答

1. 土地使用者需要改变约定的土地用途的，应经过哪些程序？

答：根据《城市房地产管理法》第18条的规定，土地使用者需要改变土地使用权出让合同约定的土地用途的，必须取得出让方和市、县人民政府城市规划行政主管部门的同意，签订土地使用权出让合同变更协议或者重新签订土地使用权出让合同，相应调整土地使用权出让金。

2. 受让方擅自改变约定的土地用途，出让方可否请求解除合同？

答：根据《最高人民法院关于审理涉及国有土地使用权合同纠纷案件适用法律问题的解释》第6条的规定，受让方擅自改变土地使用权出让合同约定的土地用途，出让方请求解除合同的，应予支持。

◆ **第三百五十一条　建设用地使用权人支付出让金等费用的义务**

建设用地使用权人应当依照法律规定以及合同约定支付出让金等费用。

📖 **实用问答**

土地使用者支付出让金的期限有何规定？逾期未全部支付的，出让方如何救济？

答：根据《城镇国有土地使用权出让和转让暂行条例》第 14 条的规定，土地使用者应当在签订土地使用权出让合同后 60 日内，支付全部土地使用权出让金。逾期未全部支付的，出让方有权解除合同，并可请求违约赔偿。

◆ **第三百五十二条　建设用地使用权人建造的建筑物等设施的权属**

建设用地使用权人建造的建筑物、构筑物及其附属设施的所有权属于建设用地使用权人，但是有相反证据证明的除外。

◆ **第三百五十三条　建设用地使用权的流转方式**

建设用地使用权人有权将建设用地使用权转让、互换、出资、赠与或者抵押，但是法律另有规定的除外。

实用问答

以出让方式取得土地使用权的，转让房地产时，应当符合哪些条件？

答：根据《城市房地产管理法》第39条的规定，以出让方式取得土地使用权的，转让房地产时，应当符合下列条件：（1）按照出让合同约定已经支付全部土地使用权出让金，并取得土地使用权证书；（2）按照出让合同约定进行投资开发，属于房屋建设工程的，完成开发投资总额的25%以上，属于成片开发土地的，形成工业用地或者其他建设用地条件。转让房地产时房屋已经建成的，还应当持有房屋所有权证书。

◆ **第三百五十四条　处分建设用地使用权的合同形式和期限**

建设用地使用权转让、互换、出资、赠与或者抵押的，当事人应当采用书面形式订立相应的合同。使用期限由当事人约定，但是不得超过建设用地使用权的剩余期限。

实用问答

以出让方式取得土地使用权的，转让房地产后，其土地使用权的使用年限为多久？

答：根据《城市房地产管理法》第43条的规定，以出让方式取得土地使用权的，转让房地产后，其土地使用权的使用年限为原土地使用权出让合同约定的使用年限减去原土地使用者已经使用年限后的剩余年限。

◆ **第三百五十五条　建设用地使用权流转后变更登记**

建设用地使用权转让、互换、出资或者赠与的，应当向登记机构申请变更登记。

◆ **第三百五十六条　建筑物等设施随建设用地使用权的流转而一并处分**

建设用地使用权转让、互换、出资或者赠与的，附着于该土地上的建筑物、构筑物及其附属设施一并处分。

实用问答

如何理解"房地一致"原则？

答：在我国，建筑物、其他附着物的归属虽然具有相对独立性，但在转让中必须实行"房地一致"原则，即建设用地使用权与附着于该土地上的建筑物、构筑物及其附属设施一并处分。《城市房地产管理法》第32条规定，房地产转让、抵押时，房屋的所有权和该房屋占用范围内的土地使用权同时转让、抵押。《城镇国有土地使用权出让和转让暂行条例》第23条规定，土地使用权转让时，其地上建筑物、其他附着物所有权随之转让。第33条第1款规定，土地使用权抵押时，其地上建筑物、其他附着物随之抵押。

◆ **第三百五十七条　建设用地使用权随建筑物等设施的流转而一并处分**

建筑物、构筑物及其附属设施转让、互换、出资或者赠与的，该建筑物、构筑物及其附属设施占用范围内的建设用地使用权一并处分。

实用问答

建设用地使用权及地上建筑物可以分割转让吗？

答：《城镇国有土地使用权出让和转让暂行条例》第 25 条第 2 款规定："土地使用权和地上建筑物、其他附着物所有权分割转让的，应当经市、县人民政府土地管理部门和房产管理部门批准，并依照规定办理过户登记。"因此，建设用地使用权及地上建筑物在经市、县人民政府相关部门批准后，可以分割转让，并办理相应的过户登记。

◆ 第三百五十八条　建设用地使用权提前收回及其补偿

建设用地使用权期限届满前，因公共利益需要提前收回该土地的，应当依据本法第二百四十三条的规定对该土地上的房屋以及其他不动产给予补偿，并退还相应的出让金。

◆ 第三百五十九条　建设用地使用权的续期

住宅建设用地使用权期限届满的，自动续期。续期费用的缴纳或者减免，依照法律、行政法规的规定办理。

非住宅建设用地使用权期限届满后的续期，依照法律规定办理。该土地上的房屋以及其他不动产的归属，有约定的，按照约定；没有约定或者约定不明确的，依照法律、行政法规的规定办理。

实用问答

土地使用权出让的最高年限是多久？

答：国家通过出让的方式，使建设用地使用权人获得一定期限内利用土地的权利。根据《城镇国有土地使用权出让和转让暂行条例》第12条的规定，土地使用权出让的最高年限为：居住用地70年；工业用地50年；教育、科技、文化、卫生、体育用地50年；商业、旅游、娱乐用地40年；综合或者其他用地50年。

◆ **第三百六十条　建设用地使用权注销登记**

建设用地使用权消灭的，出让人应当及时办理注销登记。登记机构应当收回权属证书。

实用问答

具有哪些情形的，当事人可以申请办理注销登记？

答：根据《不动产登记暂行条例实施细则》第28条第1款的规定，有下列情形之一的，当事人可以申请办理注销登记：（1）不动产灭失的；（2）权利人放弃不动产权利的；（3）不动产被依法没收、征收或者收回的；（4）人民法院、仲裁委员会的生效法律文书导致不动产权利消灭的；（5）法律、行政法规规定的其他情形。

◆ **第三百六十一条　集体所有土地作为建设用地的法律适用**

集体所有的土地作为建设用地的，应当依照土地管理的法律规定办理。

第十三章　宅基地使用权

◆ **第三百六十二条　宅基地使用权的内容**

宅基地使用权人依法对集体所有的土地享有占有和使用的权利，有权依法利用该土地建造住宅及其附属设施。

实用问答

宅基地使用权有哪些特征？

答：宅基地使用权主要有以下特征：（1）享有宅基地使用权的主体只能是集体经济组织的成员。（2）宅基地使用权的客体是集体所有的土地。（3）宅基地使用权只能用于建造住宅及其附属设施，不能挪作其他用途。（4）宅基地使用权的取得和使用是无偿的。（5）宅基地使用权没有期限的限制。（6）宅基地使用权的流转受到严格限制，一户家庭只能取得一处宅基地，农村村民出卖、出租住房后再申请宅基地的，不予批准。

◆ **第三百六十三条　宅基地使用权取得、行使和转让的法律适用**

宅基地使用权的取得、行使和转让，适用土地管理的法律和国家有关规定。

实用问答

《土地管理法》对宅基地使用权的取得、行使和转让，有何具体规定？

答：《土地管理法》第 62 条对宅基地使用权的取得、行使和转让作了具体规定，主要包括：农村村民一户只能拥有一处宅基地，其宅基地的面积不得超过省、自治区、直辖市规定的标准。人均土地少、不能保障一户拥有一处宅基地的地区，县级人民政府在充分尊重农村村民意愿的基础上，可以采取措施，按照省、自治区、直辖市规定的标准保障农村村民实现户有所居。农村村民建住宅，应当符合乡（镇）土地利用总体规划、村庄规划，不得占用永久基本农田，并尽量使用原有的宅基地和村内空闲地。编制乡（镇）土地利用总体规划、村庄规划应当统筹并合理安排宅基地用地，改善农村村民居住环境和条件。农村村民住宅用地，由乡（镇）人民政府审核批准；其中，涉及占用农用地的，依照该法第 44 条的规定办理审批手续。农村村民出卖、出租、赠与住宅后，再申请宅基地的，不予批准。国家允许进城落户的农村村民依法自愿有偿退出宅基地，鼓励农村集体经济组织及其成员盘活利用闲置宅基地和闲置住宅。国务院农业农村主管部门负责全国农村宅基地改革和管理有关工作。

◆ 第三百六十四条 宅基地的灭失和重新分配

宅基地因自然灾害等原因灭失的，宅基地使用权消灭。对失去宅基地的村民，应当依法重新分配宅基地。

📄 **实用问答**

宅基地使用权及房屋所有权发生转移申请登记的,申请人应当提交哪些材料?

答:根据《不动产登记暂行条例实施细则》第42条的规定,因依法继承、分家析产、集体经济组织内部互换房屋等导致宅基地使用权及房屋所有权发生转移申请登记的,申请人应当根据不同情况,提交下列材料:(1)不动产权属证书或者其他权属来源材料;(2)依法继承的材料;(3)分家析产的协议或者材料:(4)集体经济组织内部互换房屋的协议;(5)其他必要材料。

◆ **第三百六十五条 宅基地使用权变更和注销登记**

已经登记的宅基地使用权转让或者消灭的,应当及时办理变更登记或者注销登记。

第十四章 居 住 权

◆ **第三百六十六条 居住权的概念**

居住权人有权按照合同约定,对他人的住宅享有<u>占有、使用</u>的用益物权,以满足生活居住的需要。

名词解释

居住权 居住权人对他人住宅的全部或者部分及其附属设施,享有占有、使用的权利。

◆ **第三百六十七条 居住权合同**

设立居住权,当事人应当采用书面形式订立居住权合同。
居住权合同一般包括下列条款:
(一)当事人的姓名或者名称和住所;
(二)住宅的位置;
(三)居住的条件和要求;
(四)居住权期限;
(五)解决争议的方法。

◆ **第三百六十八条　居住权的设立**

居住权无偿设立,但是当事人另有约定的除外。设立居住权的,应当向登记机构申请居住权登记。居住权<u>自登记时设立</u>。

典型案例

邱某光与董某军居住权执行案[①]

要旨:《民法典》物权编正式确立了居住权制度,有利于更好地保障弱势群体的居住生存权益,对平衡房屋所有权人和居住权人的利益具有重要制度价值。本案申请执行人作为丧偶独居老人,对案涉房屋的居住使用权益取得于《民法典》实施之前,执行法院依照《民法典》规定的居住权登记制度,向不动产登记机构发出协助执行通知书,为申请执行人办理了居住权登记,最大限度地保障了申请执行人既有的房屋居住使用权利。本案对于引导当事人尊重法院判决,推动《民法典》有关居住权制度的新规则真正惠及人民群众,具有积极的示范意义。

[①] 参见《人民法院贯彻实施民法典典型案例(第一批)》之五。

◆ **第三百六十九条　居住权的限制**

居住权不得转让、继承。设立居住权的住宅不得出租，但是当事人另有约定的除外。

◆ **第三百七十条　居住权的消灭**

居住权期限届满或者居住权人死亡的，居住权消灭。居住权消灭的，应当及时办理注销登记。

◆ **第三百七十一条　以遗嘱方式设立居住权的参照适用**

以遗嘱方式设立居住权的，参照适用本章的有关规定。

第十五章 地 役 权

◆ **第三百七十二条 地役权的概念**

地役权人有权按照合同约定,利用他人的不动产,以提高自己的不动产的效益。

前款所称他人的不动产为供役地,自己的不动产为需役地。

名词解释

地役权 土地相邻的双方当事人约定,一方当事人因通行、取水、排水、铺设管线等,需要利用另一方当事人的土地或者限制另一方当事人土地的利用,以提高自己土地效益的权利。

实用问答

地役权有哪些特点?

答:地役权具有以下特点:(1)地役权的主体为不动产的权利人。既可以是不动产的所有权人,也可以是不动产的使用权人。(2)地役权按照合同设立。地役权合同是地役权人和供役地权利人之间达成的以设立地役权为目的和内容的合同。设立地役权,当事人应当采取书面形式订立地役权合同。(3)地役权设立的内容是利用他人的不动产。在地役权关系中,需役地和供役地归属于不同的土地所有权人或者土地使用权人。(4)地役权的设立是为了提高自己不动产的效益。（5）地役权具有从属性。地役权的存续以需役地的存在为前提，地役权与需役地的所有权或者其他物权相伴相随。

◆ **第三百七十三条 地役权合同**

设立地役权，当事人应当采用书面形式订立地役权合同。
地役权合同一般包括下列条款：
（一）当事人的姓名或者名称和住所；
（二）供役地和需役地的位置；
（三）利用目的和方法；
（四）地役权期限；
（五）费用及其支付方式；
（六）解决争议的方法。

◆ **第三百七十四条 地役权的设立与登记**

地役权自地役权合同生效时设立。当事人要求登记的，可以向登记机构申请地役权登记；未经登记，不得对抗善意第三人。

实用问答

按照约定设定地役权时，当事人可以持哪些文件申请地役权首次登记？

答：根据《不动产登记暂行条例实施细则》第60条的规定，按照约定设定地役权，当事人可以持需役地和供役地的不动产权属证书、地役权合同以及其他必要文件，申请地役权首次登记。

◆ **第三百七十五条　供役地权利人的义务**

供役地权利人应当按照合同约定，允许地役权人利用其不动产，不得妨害地役权人行使权利。

◆ **第三百七十六条　地役权人的权利义务**

地役权人应当按照合同约定的利用目的和方法利用供役地，尽量减少对供役地权利人物权的限制。

典型案例

张某与申某某排除妨碍、赔偿损失纠纷案[1]

要旨： 供役地权利人不得妨碍地役权人行使权利，地役权人也应当尽量减少对供役地权利人权利的限制。本案中，申某某作为供役地权利人不得妨碍张某按照约定利用土地灌溉耕地，张某亦应采用对申某某土地限制最小的方式行使其地役权。故张某有权请求申某某排除妨害，但应当改变其经过申某某土地中间位置铺设水龙带的措施，改由在申某某土地一侧铺设。

---

[1] 参见陕西省西安市中级人民法院（2018）陕01民终2159号民事判决书。

◆ 第三百七十七条　地役权期限

地役权期限由当事人约定；但是，<u>不得超过土地承包经营权、建设用地使用权等用益物权的剩余期限</u>。

◆ 第三百七十八条　地役权的承继

土地所有权人享有地役权或者负担地役权的，设立土地承包经营权、宅基地使用权等用益物权时，该用益物权人继续<u>享有或者负担已经设立的地役权</u>。

◆ 第三百七十九条　在先用益物权对地役权的限制

土地上已经设立土地承包经营权、建设用地使用权、宅基地使用权等用益物权的，<u>未经用益物权人同意，土地所有权人不得设立地役权</u>。

◆ 第三百八十条　地役权的转让

地役权<u>不得单独转让</u>。土地承包经营权、建设用地使用权等转让的，地役权一并转让，但是合同另有约定的除外。

实用问答

1. 什么情况下，当事人可以申请地役权转移登记？

答：根据《不动产登记暂行条例实施细则》第 62 条第 1 款的规定，已经登记的地役权因土地承包经营权、建设用地使用权转让发生转移的，当事人应当持不动产登记证明、地役权转移合同等必要材料，申请地役权转移登记。

2. 当事人在申请需役地转移登记，或者需役地分割转让，转让部分涉及已登记的地役权的情况下申请地役权转移登记的，其应如何处理？

答：根据《不动产登记暂行条例实施细则》第62条第2款的规定，申请需役地转移登记的，或者需役地分割转让，转让部分涉及已登记的地役权的，当事人应当一并申请地役权转移登记，但当事人另有约定的除外。当事人拒绝一并申请地役权转移登记的，应当出具书面材料。不动产登记机构办理转移登记时，应当同时办理地役权注销登记。

◆ **第三百八十一条　地役权的抵押**

地役权不得单独抵押。土地经营权、建设用地使用权等抵押的，在实现抵押权时，地役权一并转让。

◆ **第三百八十二条　地役权对需役地及其上权利的不可分性**

需役地以及需役地上的土地承包经营权、建设用地使用权等部分转让时，转让部分涉及地役权的，受让人同时享有地役权。

典型案例

蔡某甲与蔡某乙排除妨害纠纷案[①]

要旨：需役地以及需役地上的土地承包经营权、建设用地使用

---

① 参见贵州省怀仁市人民法院（2020）黔0382民初300号民事判决书。

权等部分转让时,转让部分涉及地役权的,受让人同时享有地役权。本案中蔡某甲受让案外人蔡某丙宅基地使用权后,蔡某丙在该宅基地上设立的通行地役权,在原告受让(调换)蔡某丙土地后,作为需役地受让人的原告蔡某甲同时享有,被告蔡某乙不得妨碍原告蔡某甲通行的权利。故原告有权要求被告清除妨碍其通行的砖块和混凝土磴并赔偿相应损失。

◆ 第三百八十三条　地役权对供役地及其上权利的不可分性

供役地以及供役地上的土地承包经营权、建设用地使用权等部分转让时,转让部分涉及地役权的,地役权对受让人具有法律约束力。

◆ 第三百八十四条　地役权消灭

地役权人有下列情形之一的,供役地权利人有权解除地役权合同,地役权消灭:

(一)违反法律规定或者合同约定,滥用地役权;

(二)有偿利用供役地,约定的付款期限届满后在合理期限内经两次催告未支付费用。

◆ 第三百八十五条　地役权变动后登记

已经登记的地役权变更、转让或者消灭的,应当及时办理变更登记或者注销登记。

实用问答

1. 经依法登记的地役权发生哪些情形时，当事人应当申请地役权变更登记？

答：根据《不动产登记暂行条例实施细则》第61条的规定，经依法登记的地役权发生下列情形之一的，当事人应当持地役权合同、不动产登记证明和证实变更的材料等必要材料，申请地役权变更登记：（1）地役权当事人的姓名或者名称等发生变化；（2）共有性质变更的；（3）需役地或者供役地自然状况发生变化；（4）地役权内容变更的；（5）法律、行政法规规定的其他情形。供役地分割转让办理登记，转让部分涉及地役权的，应当由受让人与地役权人一并申请地役权变更登记。

2. 已经登记的地役权，有哪些情形时，当事人可以申请地役权注销登记？

答：根据《不动产登记暂行条例实施细则》第63条的规定，已经登记的地役权，有下列情形之一的，当事人可以持不动产登记证明、证实地役权发生消灭的材料等必要材料，申请地役权注销登记：（1）地役权期限届满；（2）供役地、需役地归于同一人；（3）供役地或者需役地灭失；（4）人民法院、仲裁委员会的生效法律文书导致地役权消灭；（5）依法解除地役权合同；（6）其他导致地役权消灭的事由。

第四分编　担保物权

第十六章　一般规定

◆ **第三百八十六条　担保物权的概念**

担保物权人在债务人不履行到期债务或者发生当事人约定的实现担保物权的情形，<u>依法享有就担保财产优先受偿的权利</u>，但是法律另有规定的除外。

实用问答

担保物权具有哪些特征？

答：担保物权具有以下特征：（1）担保物权以确保债权人的债权得到完全清偿为目的。（2）担保物权具有优先受偿的效力。（3）担保物权是在债务人或者第三人的特定财产上设定的权利。债务人既可以自己的财产设立担保物权，也可以第三人的财产为债权设立担保物权。（4）担保物权具有物上代位性。债权人设立担保物权并不以使用担保财产为目的，而是以取得该财产的交换价值为目的，因此，担保财产即使灭失、毁损，但代替该财产的交换价值还存在，担保物权的效力就仍存在，此时担保物权的效力转移到了该代替物上。

◆ **第三百八十七条　担保物权的适用范围和反担保**

债权人在借贷、买卖等民事活动中，为保障实现其债权，需要担保的，可以依照本法和其他法律的规定设立担保物权。

第三人为债务人向债权人提供担保的，可以要求债务人提供反担保。反担保适用本法和其他法律的规定。

名词解释

反担保　替债务人提供担保的第三人，为了保证自己的追偿权得到实现，可以要求债务人为自己追偿权的实现提供担保。

实用问答

担保合同无效，承担了赔偿责任的担保人如何救济？

答：根据《最高人民法院关于适用〈中华人民共和国民法典〉有关担保制度的解释》第19条的规定，担保合同无效，承担了赔偿责任的担保人按照反担保合同的约定，在其承担赔偿责任的范围内请求反担保人承担担保责任的，人民法院应予支持。反担保合同无效的，依照该解释第17条的有关规定处理。当事人仅以担保合同无效为由主张反担保合同无效的，人民法院不予支持。

◆ **第三百八十八条　担保合同**

设立担保物权，应当依照本法和其他法律的规定订立担保合同。担保合同包括抵押合同、质押合同和其他具有担保功能的合同。担保合同是主债权债务合同的从合同。主债权债务合同无效的，担保合同无效，但是法律另有规定的除外。

担保合同被确认无效后，债务人、担保人、债权人有过错的，应当根据其过错各自承担相应的民事责任。

实用问答

1. 主合同有效而第三人提供的担保合同无效，人民法院如何确定担保人的赔偿责任？

答：根据《最高人民法院关于适用〈中华人民共和国民法典〉有关担保制度的解释》第 17 条第 1 款的规定，主合同有效而第三人提供的担保合同无效，人民法院应当区分不同情形确定担保人的赔偿责任：（1）债权人与担保人均有过错的，担保人承担的赔偿责任不应超过债务人不能清偿部分的 1/2；（2）担保人有过错而债权人无过错的，担保人对债务人不能清偿的部分承担赔偿责任；（3）债权人有过错而担保人无过错的，担保人不承担赔偿责任。

2. 主合同无效导致第三人提供的担保合同无效，担保人是否应承担赔偿责任？

答：根据《最高人民法院关于适用〈中华人民共和国民法典〉有关担保制度的解释》第 17 条第 2 款的规定，主合同无效导致第三人提供的担保合同无效，担保人无过错的，不承担赔偿责任；担保人有过错的，其承担的赔偿责任不应超过债务人不能清偿部分的 1/3。

3. 保证合同无效，债权人未在保证期间内依法行使权利的，保证人可以主张不承担赔偿责任吗？

答：根据《最高人民法院关于适用〈中华人民共和国民法典〉有关担保制度的解释》第 33 条的规定，保证合同无效，债权人未在约定或者法定的保证期间内依法行使权利，保证人主张不承担赔偿责任的，人民法院应予支持。

◆ 第三百八十九条　担保物权的担保范围

担保物权的担保范围包括主债权及其利息、违约金、损害赔偿金、保管担保财产和实现担保物权的费用。当事人另有约定的，按照其约定。

实用问答

当事人约定的担保责任的范围大于主债务的部分，是否有效？

答：根据《全国法院民商事审判工作会议纪要》第55条的规定，担保人承担的担保责任范围不应当大于主债务，是担保从属性的必然要求。当事人约定的担保责任的范围大于主债务的，如针对担保责任约定专门的违约责任、担保责任的数额高于主债务、担保责任约定的利息高于主债务利息、担保责任的履行期先于主债务履行期届满，等等，均应当认定大于主债务部分的约定无效，从而使担保责任缩减至主债务的范围。

◆ 第三百九十条　担保物权的物上代位性

担保期间，担保财产毁损、灭失或者被征收等，担保物权人可以就获得的保险金、赔偿金或者补偿金等优先受偿。被担保债权的履行期限未届满的，也可以提存该保险金、赔偿金或者补偿金等。

◆ 实用问答

抵押权人何时可以请求给付保险金、赔偿金或者补偿金？

答：根据《最高人民法院关于适用〈中华人民共和国民法典〉有关担保制度的解释》第42条第1、2款的规定，抵押权依法设立后，抵押财产毁损、灭失或者被征收等，抵押权人请求按照原抵押权的顺位就保险金、赔偿金或者补偿金等优先受偿的，人民法院应予支持。给付义务人已经向抵押人给付了保险金、赔偿金或者补偿金，抵押权人请求给付义务人向其给付保险金、赔偿金或者补偿金的，人民法院不予支持，但是给付义务人接到抵押权人要求向其给付的通知后仍然向抵押人给付的除外。

◆ **第三百九十一条　未经担保人同意转移债务的法律后果**

第三人提供担保，<u>未经其书面同意</u>，债权人允许债务人转移全部或者部分债务的，<u>担保人不再承担相应的担保责任</u>。

◆ **第三百九十二条　人保和物保并存时担保权的实行规则**

被担保的债权既有物的担保又有人的担保的，债务人不履行到期债务或者发生当事人约定的实现担保物权的情形，<u>债权人应当按照约定实现债权</u>；没有约定或者约定不明确，债务人自己提供物的担保的，债权人应当<u>先就该物的担保实现债权</u>；第三人提供物的担保的，债权人可以<u>就物的担保实现债权</u>，也可以<u>请求保证人承担保证责任</u>。提供担保的第三人承担担保责任后，有权向<u>债务人追偿</u>。

📄 **实用问答**

被担保的债权物保和人保并存时,当事人对实现担保物权的顺序的约定对其有何约束力?

答:根据《最高人民法院关于适用〈中华人民共和国民事诉讼法〉的解释》第363条的规定,依照《民法典》第392条的规定,被担保的债权既有物的担保又有人的担保,当事人对实现担保物权的顺序有约定,实现担保物权的申请违反该约定的,人民法院裁定不予受理;没有约定或者约定不明的,人民法院应当受理。

◆ **第三百九十三条 担保物权消灭原因**

有下列情形之一的,担保物权消灭:
(一)主债权消灭;
(二)担保物权实现;
(三)债权人放弃担保物权;
(四)法律规定担保物权消灭的其他情形。

第十七章 抵 押 权

第一节 一般抵押权

◆ **第三百九十四条 抵押权的概念**

为担保债务的履行,债务人或者第三人不转移财产的占有,将该财产抵押给债权人的,债务人不履行到期债务或者发生当事人约定的实现抵押权的情形,债权人有权就该财产优先受偿。

前款规定的债务人或者第三人为抵押人,债权人为抵押权人,提供担保的财产为抵押财产。

名词解释

抵押权 债权人对于债务人或者第三人提供的、不转移财产的占有而作为履行债务的担保的财产,在债务人不履行债务时,有权就该财产优先受偿的担保物权。

实用问答

抵押权具有哪些特征?

答:抵押权具有以下几个特征:(1)抵押权是担保物权。抵押权以抵押财产作为债权的担保,抵押权人对抵押财产享有的权利,可以对抗物的所有人以及第三人。这主要体现在抵押权人对抵押财产有追及、支配的权利。(2) 抵押权是债务人或者第三人以其所有的或者有权处分的特定的财产设定的物权。(3) 抵押权是不转移标的物占有的物权。(4) 抵押权人有权就抵押财产优先受偿。

◆ **第三百九十五条　抵押财产的范围**

债务人或者第三人有权处分的下列财产可以抵押：
（一）建筑物和其他土地附着物；
（二）建设用地使用权；
（三）海域使用权；
（四）生产设备、原材料、半成品、产品；
（五）正在建造的建筑物、船舶、航空器；
（六）交通运输工具；
（七）法律、行政法规未禁止抵押的其他财产。
抵押人可以将前款所列财产一并抵押。

实用问答

什么是房地产抵押？需要凭哪些证书办理房地产抵押？

答： 根据《城市房地产管理法》第47、49条的规定，房地产抵押，是指抵押人以其合法的房地产以不转移占有的方式向抵押权人提供债务履行担保的行为。债务人不履行债务时，抵押权人有权依法以抵押的房地产拍卖所得的价款优先受偿。房地产抵押，应当凭土地使用权证书、房屋所有权证书办理。

◆ **第三百九十六条　浮动抵押**

企业、个体工商户、农业生产经营者可以将现有的以及将有的生产设备、原材料、半成品、产品抵押，债务人不履行到期债务或者发生当事人约定的实现抵押权的情形，债权人有权就抵押财产确定时的动产优先受偿。

◆ **第三百九十七条　建筑物与建设用地使用权同时抵押规则**

以建筑物抵押的，该建筑物占用范围内的建设用地使用权一并抵押。以建设用地使用权抵押的，该土地上的建筑物一并抵押。

抵押人未依据前款规定一并抵押的，未抵押的财产视为一并抵押。

实用问答

1. 以违法的建筑物抵押的，抵押合同是否有效？无效的法律后果如何？

答：根据《最高人民法院关于适用〈中华人民共和国民法典〉有关担保制度的解释》第 49 条的规定，以违法的建筑物抵押的，抵押合同无效，但是一审法庭辩论终结前已经办理合法手续的除外。抵押合同无效的法律后果，依照该解释第 17 条的有关规定处理。当事人以建设用地使用权依法设立抵押，抵押人以土地上存在违法的建筑物为由主张抵押合同无效的，人民法院不予支持。

2. "房地一体"原则在抵押制度下如何适用？

答：根据《最高人民法院关于适用〈中华人民共和国民法典〉

有关担保制度的解释》第 51 条的规定，当事人仅以建设用地使用权抵押，债权人主张抵押权的效力及于土地上已有的建筑物以及正在建造的建筑物已完成部分的，人民法院应予支持。债权人主张抵押权的效力及于正在建造的建筑物的续建部分以及新增建筑物的，人民法院不予支持。当事人以正在建造的建筑物抵押，抵押权的效力范围限于已办理抵押登记的部分。当事人按照担保合同的约定，主张抵押权的效力及于续建部分、新增建筑物以及规划中尚未建造的建筑物的，人民法院不予支持。抵押人将建设用地使用权、土地上的建筑物或者正在建造的建筑物分别抵押给不同债权人的，人民法院应当根据抵押登记的时间先后确定清偿顺序。

◆ **第三百九十八条　乡镇、村企业的建设用地使用权抵押限制**

乡镇、村企业的建设用地使用权<u>不得单独抵押</u>。以乡镇、村企业的厂房等建筑物抵押的，其占用范围内的建设用地使用权<u>一并抵押</u>。

📝 名词解释

<u>乡镇、村企业</u>　以农村集体经济组织或者农民投资为主，在乡镇、村举办的承担支援农业义务的各类企业。

◆ **第三百九十九条　禁止抵押的财产范围**

下列财产<u>不得抵押</u>：

（一）土地所有权；

（二）宅基地、自留地、自留山等集体所有土地的使用权，但是法律规定可以抵押的除外；

（三）学校、幼儿园、医疗机构等为公益目的成立的非营利法人的教育设施、医疗卫生设施和其他公益设施；

（四）所有权、使用权不明或者有争议的财产；

（五）依法被查封、扣押、监管的财产；

（六）法律、行政法规规定不得抵押的其他财产。

实用问答

1. 学校、幼儿园、养老机构可以提供担保吗？

答：根据《最高人民法院关于适用〈中华人民共和国民法典〉有关担保制度的解释》第6条的规定，以公益为目的的非营利性学校、幼儿园、医疗机构、养老机构等提供担保的，人民法院应当认定担保合同无效，但是有下列情形之一的除外：（1）在购入或者以融资租赁方式承租教育设施、医疗卫生设施、养老服务设施和其他公益设施时，出卖人、出租人为担保价款或者租金实现而在该公益设施上保留所有权；（2）以教育设施、医疗卫生设施、养老服务设施和其他公益设施以外的不动产、动产或者财产权利设立担保物权。登记为营利法人的学校、幼儿园、医疗机构、养老机构等提供担保，当事人以其不具有担保资格为由主张担保合同无效的，人民法院不予支持。

2. 典当行不得收当哪些财物？

答：根据《典当管理办法》第27条的规定，典当行不得收当下列财物：（1）依法被查封、扣押或者已经被采取其他保全措施的财产；（2）赃物和来源不明的物品；（3）易燃、易爆、剧毒、放射性物品及其容器；（4）管制刀具、枪支、弹药、军、警用标志、制式服装和器械；（5）国家机关公文、印章及其管理的财物；（6）国家机关核发的除物权证书以外的证照及有效身份证件；（7）当户没有所有权或者未能依法取得处分权的财产；（8）法律、法规及国家有关规定禁止流通的自然资源或者其他财物。

◆ **第四百条　抵押合同**

设立抵押权，当事人应当采用书面形式订立抵押合同。

抵押合同一般包括下列条款：

（一）被担保债权的种类和数额；

（二）债务人履行债务的期限；

（三）抵押财产的名称、数量等情况；

（四）担保的范围。

◆ **第四百零一条　流押**

抵押权人在债务履行期限届满前，与抵押人约定债务人不履行到期债务时抵押财产归债权人所有的，只能依法就抵押财产优先受偿。

实用问答

1.《民法典》施行前，当事人在债务履行期限届满前约定债务人不履行到期债务时抵押财产或者质押财产归债权人所有的，适用《民法典》哪些条款的规定？

答：根据《最高人民法院关于适用〈中华人民共和国民法典〉时间效力的若干规定》第7条的规定，《民法典》施行前，当事人在债务履行期限届满前约定债务人不履行到期债务时抵押财产或者质押财产归债权人所有的，适用《民法典》第401条和第428条的规定。

2. 债务人不履行到期债务，担保物权人是否有权将担保财产自行拍卖、变卖并就所得的价款优先受偿？

答：根据《最高人民法院关于适用〈中华人民共和国民法典〉有关担保制度的解释》第 45 条第 1 款的规定，当事人约定当债务人不履行到期债务或者发生当事人约定的实现担保物权的情形，担保物权人有权将担保财产自行拍卖、变卖并就所得的价款优先受偿的，该约定有效。因担保人的原因导致担保物权人无法自行对担保财产进行拍卖、变卖，担保物权人请求担保人承担因此增加的费用的，人民法院应予支持。

◆ **第四百零二条　不动产抵押登记**

以本法第三百九十五条第一款第一项至第三项规定的财产或者第五项规定的正在建造的建筑物抵押的，应当办理抵押登记。抵押权自登记时设立。

实用问答

对哪些财产进行抵押，可以申请办理不动产抵押登记？

答：根据《不动产登记暂行条例实施细则》第 65 条第 1 款的规定，对下列财产进行抵押的，可以申请办理不动产抵押登记：（1）建设用地使用权；（2）建筑物和其他土地附着物；（3）海域使用权；（4）以招标、拍卖、公开协商等方式取得的荒地等土地承包经营权；（5）正在建造的建筑物；（6）法律、行政法规未禁止抵押的其他不动产。

◆ **第四百零三条 动产抵押的效力**

以动产抵押的，抵押权自抵押合同生效时设立；未经登记，不得对抗善意第三人。

实用问答

1. 动产抵押合同订立后未办理抵押登记，动产抵押权的效力如何处理？

答：根据《最高人民法院关于适用〈中华人民共和国民法典〉有关担保制度的解释》第54条的规定，动产抵押合同订立后未办理抵押登记，动产抵押权的效力按照下列情形分别处理：（1）抵押人转让抵押财产，受让人占有抵押财产后，抵押权人向受让人请求行使抵押权的，人民法院不予支持，但是抵押权人能够举证证明受让人知道或者应当知道已经订立抵押合同的除外；（2）抵押人将抵押财产出租给他人并移转占有，抵押权人行使抵押权的，租赁关系不受影响，但是抵押权人能够举证证明承租人知道或者应当知道已经订立抵押合同的除外；（3）抵押人的其他债权人向人民法院申请保全或者执行抵押财产，人民法院已经作出财产保全裁定或者采取执行措施，抵押权人主张对抵押财产优先受偿的，人民法院不予支持；（4）抵押人破产，抵押权人主张对抵押财产优先受偿的，人民法院不予支持。

2. 同一船舶设定2个以上抵押权的，船舶登记机关应当按照什么顺序进行登记？

答：根据《船舶登记条例》第24条的规定，同一船舶设定2个以上抵押权的，船舶登记机关应当按照抵押权登记申请日期的先后顺序进行登记，并在船舶登记簿上载明登记日期。登记申请日期为登记日期；同日申请的，登记日期应当相同。

◆ **第四百零四条　动产抵押对抗效力的限制**

以动产抵押的，不得对抗正常经营活动中已经支付合理价款并取得抵押财产的买受人。

实用问答

买受人在出卖人正常经营活动中通过支付合理对价取得已被设立担保物权的动产，担保物权人可否请求就该动产优先受偿？

答：根据《最高人民法院关于适用〈中华人民共和国民法典〉有关担保制度的解释》第56条第1款的规定，买受人在出卖人正常经营活动中通过支付合理对价取得已被设立担保物权的动产，担保物权人请求就该动产优先受偿的，人民法院不予支持，但是有下列情形之一的除外：（1）购买商品的数量明显超过一般买受人；（2）购买出卖人的生产设备；（3）订立买卖合同的目的在于担保出卖人或者第三人履行债务；（4）买受人与出卖人存在直接或者间接的控制关系；（5）买受人应当查询抵押登记而未查询的其他情形。

◆ **第四百零五条　抵押权与租赁权的关系**

抵押权设立前，抵押财产已经出租并转移占有的，原租赁关系不受该抵押权的影响。

实用问答

租赁房屋在承租人按照租赁合同占有期限内发生所有权变动，承租人可否请求房屋受让人继续履行原租赁合同？

答：根据《最高人民法院关于审理城镇房屋租赁合同纠纷案件

具体应用法律若干问题的解释》第 14 条的规定，租赁房屋在承租人按照租赁合同占有期限内发生所有权变动，承租人请求房屋受让人继续履行原租赁合同的，人民法院应予支持。但租赁房屋具有下列情形或者当事人另有约定的除外：（1）房屋在出租前已设立抵押权，因抵押权人实现抵押权发生所有权变动的；（2）房屋在出租前已被人民法院依法查封的。

◆ **第四百零六条　抵押财产的转让**

抵押期间，抵押人可以转让抵押财产。当事人另有约定的，按照其约定。抵押财产转让的，抵押权不受影响。

抵押人转让抵押财产的，应当及时通知抵押权人。抵押权人能够证明抵押财产转让可能损害抵押权的，可以请求抵押人将转让所得的价款向抵押权人提前清偿债务或者提存。转让的价款超过债权数额的部分归抵押人所有，不足部分由债务人清偿。

实用问答

在存在禁止或者限制转让约定的情况下，抵押人违反约定转让抵押财产的后果是什么？

答：根据《最高人民法院关于适用〈中华人民共和国民法典〉有关担保制度的解释》第 43 条的规定，当事人约定禁止或者限制转让抵押财产但是未将约定登记，抵押人违反约定转让抵押财产，抵押权人请求确认转让合同无效的，人民法院不予支持；抵押财产已经交付或者登记，抵押权人请求确认转让不发生物权效力的，人民法院不予支持，但是抵押权人有证据证明受让人知道的除外；抵押权人请求抵押人承担违约责任的，人民法院依法予以支持。

当事人约定禁止或者限制转让抵押财产且已经将约定登记，抵押人违反约定转让抵押财产，抵押权人请求确认转让合同无效的，人民法院不予支持；抵押财产已经交付或者登记，抵押权人主张转让不发生物权效力的，人民法院应予支持，但是因受让人代替债务人清偿债务导致抵押权消灭的除外。

◆ **第四百零七条　抵押权处分的从属性**

抵押权不得与债权分离而单独转让或者作为其他债权的担保。债权转让的，担保该债权的抵押权一并转让，但是法律另有规定或者当事人另有约定的除外。

实用问答

主债权被分割或者部分转让时，各债权人可以主张就其享有的债权份额行使担保物权吗？

答：根据《最高人民法院关于适用〈中华人民共和国民法典〉有关担保制度的解释》第 39 条第 1 款的规定，主债权被分割或者部分转让，各债权人主张就其享有的债权份额行使担保物权的，人民法院应予支持，但是法律另有规定或者当事人另有约定的除外。

◆ **第四百零八条　抵押权的保护**

抵押人的行为足以使抵押财产价值减少的，抵押权人有权请求抵押人停止其行为；抵押财产价值减少的，抵押权人有权请求恢复抵押财产的价值，或者提供与减少的价值相应的担保。抵押人不恢复抵押财产的价值，也不提供担保的，抵押权人有权请求债务人提前清偿债务。

📄 **实用问答**

抵押人使抵押财产价值减少的行为主要有哪些？

答：抵押人使抵押财产价值减少的行为主要包括两个方面：一方面是抵押人采取积极的行为使抵押财产价值减少，如砍伐抵押的林木、拆除抵押的房屋、因不当驾驶造成抵押的车辆损坏等；另一方面是抵押人消极的不作为使抵押财产价值减少，如对抵押的危旧房屋不做修缮、对抵押的机动车不进行定期的维修保养、有库房却任由抵押的机器设备在室外风吹雨淋等。

◆ **第四百零九条　抵押权及其顺位的处分**

抵押权人可以放弃抵押权或者抵押权的顺位。抵押权人与抵押人可以协议变更抵押权顺位以及被担保的债权数额等内容。但是，抵押权的变更未经其他抵押权人书面同意的，不得对其他抵押权人产生不利影响。

债务人以自己的财产设定抵押，抵押权人放弃该抵押权、抵押权顺位或者变更抵押权的，其他担保人在抵押权人丧失优先受偿权益的范围内免除担保责任，但是其他担保人承诺仍然提供担保的除外。

📄 **实用问答**

抵押权顺位变更的，当事人应当持哪些材料申请变更登记？

答：根据《不动产登记暂行条例实施细则》第68条第1款第4项、第2款的规定，抵押权顺位变更的，当事人应当持不动产权属证书、不动产登记证明、抵押权变更等必要材料，申请抵押权变更登记。如果该抵押权的变更将对其他抵押权人产生不利影响，还应当提交其他抵押权人书面同意的材料与身份证或者户口簿等材料。

> ◆ **第四百一十条　抵押权的实现**
>
> 　　债务人不履行到期债务或者发生当事人约定的实现抵押权的情形，抵押权人可以与抵押人协议以抵押财产折价或者以拍卖、变卖该抵押财产所得的价款<u>优先受偿</u>。协议损害其他债权人利益的，其他债权人可以请求人民法院<u>撤销该协议</u>。
> 　　抵押权人与抵押人未就抵押权实现方式达成协议的，抵押权人可以<u>请求人民法院拍卖、变卖抵押财产</u>。
> 　　抵押财产折价或者变卖的，<u>应当参照市场价格</u>。

实用问答

1. 当事人申请拍卖、变卖担保财产，被申请人以担保合同约定仲裁条款为由主张驳回申请的，人民法院如何处理？

答：根据《最高人民法院关于适用〈中华人民共和国民法典〉有关担保制度的解释》第45条第2、3款的规定，当事人依照《民事诉讼法》有关"实现担保物权案件"的规定，申请拍卖、变卖担保财产，被申请人以担保合同约定仲裁条款为由主张驳回申请的，人民法院经审查后，应当按照以下情形分别处理：（1）当事人对担保物权无实质性争议且实现担保物权条件已经成就的，应当裁定准许拍卖、变卖担保财产；（2）当事人对实现担保物权有部分实质性争议的，可以就无争议的部分裁定准许拍卖、变卖担保财产，并告知可以就有争议的部分申请仲裁；（3）当事人对实现担保物权有实质性争议的，裁定驳回申请，并告知可以向仲裁机构申请仲裁。债权人以诉讼方式行使担保物权的，应当以债务人和担保人作为共同被告。

2. 如何申请实现担保物权？

答：根据《民事诉讼法》第 203 条的规定，申请实现担保物权，由担保物权人以及其他有权请求实现担保物权的人依照《民法典》等法律，向担保财产所在地或者担保物权登记地基层人民法院提出。另外，根据《最高人民法院关于适用〈中华人民共和国民事诉讼法〉的解释》第 365 条的规定，申请实现担保物权，应当提交下列材料：(1) 申请书。申请书应当记明申请人、被申请人的姓名或者名称、联系方式等基本信息，具体的请求和事实、理由。(2) 证明担保物权存在的材料，包括主合同、担保合同、抵押登记证明或者他项权利证书，权利质权的权利凭证或者质权出质登记证明等。(3) 证明实现担保物权条件成就的材料。(4) 担保财产现状的说明。(5) 人民法院认为需要提交的其他材料。

◆ **第四百一十一条　浮动抵押财产的确定**

依据本法第三百九十六条规定设定抵押的，抵押财产自下列情形之一发生时确定：

（一）债务履行期限届满，债权未实现；

（二）抵押人被宣告破产或者解散；

（三）当事人约定的实现抵押权的情形；

（四）严重影响债权实现的其他情形。

◆ **第四百一十二条　抵押权对抵押财产孳息的效力**

债务人不履行到期债务或者发生当事人约定的实现抵押权的情形，致使抵押财产被人民法院依法扣押的，自扣押之日起，抵押权人有权收取该抵押财产的天然孳息或者法定孳息，但是抵押权人未通知应当清偿法定孳息义务人的除外。

前款规定的孳息应当先充抵收取孳息的费用。

名词解释

抵押财产的孳息　由抵押财产产生的收益。

◆ **第四百一十三条　抵押财产变价后的处理**

抵押财产折价或者拍卖、变卖后，其价款超过债权数额的部分归抵押人所有，不足部分由债务人清偿。

◆ **第四百一十四条　数个抵押权的清偿顺序**

同一财产向两个以上债权人抵押的，拍卖、变卖抵押财产所得的价款依照下列规定清偿：

（一）抵押权已经登记的，按照登记的时间先后确定清偿顺序；

（二）抵押权已经登记的先于未登记的受偿；

（三）抵押权未登记的，按照债权比例清偿。

其他可以登记的担保物权，清偿顺序参照适用前款规定。

实用问答

同一不动产上设立多个抵押权的，不动产登记机构如何办理登记？

答：根据《不动产登记暂行条例实施细则》第67条的规定，同一不动产上设立多个抵押权的，不动产登记机构应当按照受理时间的先后顺序依次办理登记，并记载于不动产登记簿。当事人对抵押权顺位另有约定的，从其规定办理登记。

> ◆ **第四百一十五条　抵押权与质权的清偿顺序**
>
> 同一财产既设立抵押权又设立质权的，拍卖、变卖该财产所得的价款按照登记、交付的时间先后确定清偿顺序。

实用问答

同一动产上同时设立质权和抵押权的，如何确定清偿顺序？

答：根据《全国法院民商事审判工作会议纪要》第65条第1款的规定，同一动产上同时设立质权和抵押权的，应当根据是否完成公示以及公示先后情况来确定清偿顺序：质权有效设立、抵押权办理了抵押登记的，按照公示先后确定清偿顺序；顺序相同的，按照债权比例清偿；质权有效设立，抵押权未办理抵押登记的，质权优先于抵押权；质权未有效设立，抵押权未办理抵押登记的，因此时抵押权已经有效设立，故抵押权优先受偿。

> ◆ **第四百一十六条　动产购买价款抵押担保的优先权**
>
> 动产抵押担保的主债权是抵押物的价款，标的物交付后十日内办理抵押登记的，该抵押权人优先于抵押物买受人的其他担保物权人受偿，但是留置权人除外。

> ◆ **第四百一十七条　抵押权对新增建筑物的效力**
>
> 建设用地使用权抵押后，该土地上新增的建筑物不属于抵押财产。该建设用地使用权实现抵押权时，应当将该土地上新增的

建筑物与建设用地使用权一并处分。但是，新增建筑物所得的价款，抵押权人无权优先受偿。

◆ **第四百一十八条　集体所有土地使用权抵押权的实现效果**

　　以集体所有土地的使用权依法抵押的，实现抵押权后，未经法定程序，不得改变土地所有权的性质和土地用途。

◆ **第四百一十九条　抵押权存续期间**

　　抵押权人应当在主债权诉讼时效期间行使抵押权；未行使的，人民法院不予保护。

实用问答

1. 主债权诉讼时效期间届满与否，抵押权人是否均可主张行使抵押权？

答：根据《最高人民法院关于适用〈中华人民共和国民法典〉有关担保制度的解释》第 44 条第 1 款的规定，主债权诉讼时效期间届满后，抵押权人主张行使抵押权的，人民法院不予支持；抵押人以主债权诉讼时效期间届满为由，主张不承担担保责任的，人民法院应予支持。主债权诉讼时效期间届满前，债权人仅对债务人提起诉讼，经人民法院判决或者调解后未在《民事诉讼法》规定的申请执行时效期间内对债务人申请强制执行，其向抵押人主张行使抵押权的，人民法院不予支持。

2. 在主债权诉讼时效期间届满的情况下，财产被留置的债务人是否可以要求返还该财产？是否可以请求拍卖、变卖留置财产并以所得价款清偿债务？

答：根据《最高人民法院关于适用〈中华人民共和国民法典〉有关担保制度的解释》第44条第2款的规定，主债权诉讼时效期间届满后，财产被留置的债务人或者对留置财产享有所有权的第三人请求债权人返还留置财产的，人民法院不予支持；债务人或者第三人请求拍卖、变卖留置财产并以所得价款清偿债务的，人民法院应予支持。

第二节 最高额抵押权

第四百二十条 最高额抵押权的定义

为担保债务的履行，债务人或者第三人对一定期间内将要连续发生的债权提供担保财产的，债务人不履行到期债务或者发生当事人约定的实现抵押权的情形，抵押权人有权在最高债权额限度内就该担保财产优先受偿。

最高额抵押权设立前已经存在的债权，经当事人同意，可以转入最高额抵押担保的债权范围。

实用问答

1. 最高额抵押权的特征有哪些？

答：最高额抵押权具有以下特征：（1）最高额抵押权是限额抵押权。实际发生的债权超过最高限额的，以抵押权设定时约定的最高债权额为限优先受偿；不及最高限额的，以实际发生的债权额为限优先受偿。（2）最高额抵押权是为将来发生的债权提供担保。（3）最高额抵押权所担保的最高债权额是确定的，但实际发生额不确定。（4）最高额抵押权是对一定期间内连续发生的债权作担保。也就是说，在担保的最高债权额限度内，对某一确定期间内连续多次发生的债权作担保。

2. 什么是最高债权额？登记的最高债权额与当事人约定的不一致的，人民法院如何确定债权人优先受偿的范围？

答： 根据《最高人民法院关于适用〈中华人民共和国民法典〉有关担保制度的解释》第 15 条的规定，最高额担保中的最高债权额，是指包括主债权及其利息、违约金、损害赔偿金、保管担保财产的费用、实现债权或者实现担保物权的费用等在内的全部债权，但是当事人另有约定的除外。登记的最高债权额与当事人约定的最高债权额不一致的，人民法院应当依据登记的最高债权额确定债权人优先受偿的范围。

3. 最高额保证合同的保证期间如何计算？

答： 根据《最高人民法院关于适用〈中华人民共和国民法典〉有关担保制度的解释》第 30 条第 1、2 款的规定，最高额保证合同对保证期间的计算方式、起算时间等有约定的，按照其约定。最高额保证合同对保证期间的计算方式、起算时间等没有约定或者约定不明，被担保债权的履行期限均已届满的，保证期间自债权确定之日起开始计算；被担保债权的履行期限尚未届满的，保证期间自最后到期债权的履行期限届满之日起开始计算。

◆ **第四百二十一条　最高额抵押权担保的债权转让**

最高额抵押担保的债权确定前，部分债权转让的，最高额抵押权不得转让，但是当事人另有约定的除外。

实用问答

1. 最高额抵押权发生转移的，如何办理转移登记？

答：根据《不动产登记暂行条例实施细则》第 74 条第 1 款的规定，最高额抵押权发生转移的，应当持不动产登记证明、部分债权转移的材料、当事人约定最高额抵押权随同部分债权的转让而转移的材料等必要材料，申请办理最高额抵押权转移登记。

2. 债权人转让部分债权，当事人约定最高额抵押权随同部分债权的转让而转移的，应如何申请登记？

答：根据《不动产登记暂行条例实施细则》第 74 条第 2 款的规定，债权人转让部分债权，当事人约定最高额抵押权随同部分债权的转让而转移的，应当分别申请下列登记：（1）当事人约定原抵押权人与受让人共同享有最高额抵押权的，应当申请最高额抵押权的转移登记；（2）当事人约定受让人享有一般抵押权、原抵押权人就扣减已转移的债权数额后继续享有最高额抵押权的，应当申请一般抵押权的首次登记以及最高额抵押权的变更登记；（3）当事人约定原抵押权人不再享有最高额抵押权的，应当一并申请最高额抵押权确定登记以及一般抵押权转移登记。

3. 最高额抵押权担保的债权确定前，债权人转让部分债权的，不动产登记机构可否办理转移登记？

答：根据《不动产登记暂行条例实施细则》第 74 条第 3 款的规定，最高额抵押权担保的债权确定前，债权人转让部分债权的，除当事人另有约定外，不动产登记机构不得办理最高额抵押权转移登记。

◆ **第四百二十二条　最高额抵押合同条款变更**

最高额抵押担保的债权确定前，抵押权人与抵押人可以通过协议变更债权确定的期间、债权范围以及最高债权额。但是，变更的内容不得对其他抵押权人产生不利影响。

实用问答

哪些情形下，当事人应持不动产登记证明等必要材料申请最高额抵押权变更登记？

答：根据《不动产登记暂行条例实施细则》第72条的规定，有下列情形之一的，当事人应当持不动产登记证明、最高额抵押权发生变更的材料等必要材料，申请最高额抵押权变更登记：（1）抵押人、抵押权人的姓名或者名称变更的；（2）债权范围变更的；（3）最高债权额变更的；（4）债权确定的期间变更的；（5）抵押权顺位变更的；（6）法律、行政法规规定的其他情形。

因最高债权额、债权范围、债务履行期限、债权确定的期间发生变更申请最高额抵押权变更登记时，如果该变更将对其他抵押权人产生不利影响，当事人还应当提交其他抵押权人的书面同意文件与身份证或者户口簿等。

◆ **第四百二十三条　最高额抵押权所担保的债权确定**

有下列情形之一的，抵押权人的债权确定：

（一）约定的债权确定期间届满；

（二）没有约定债权确定期间或者约定不明确，抵押权人或者抵押人自最高额抵押权设立之日起满二年后请求确定债权；

（三）新的债权不可能发生；
（四）抵押权人知道或者应当知道抵押财产被查封、扣押；
（五）债务人、抵押人被宣告破产或者解散；
（六）法律规定债权确定的其他情形。

◆ 实用问答

人民法院查封、扣押被执行人设定最高额抵押权的抵押物的，对受抵押担保的债权数额有何影响？

答：根据《最高人民法院关于人民法院民事执行中查封、扣押、冻结财产的规定》第25条的规定，人民法院查封、扣押被执行人设定最高额抵押权的抵押物的，应当通知抵押权人。抵押权人受抵押担保的债权数额自收到人民法院通知时起不再增加。人民法院虽然没有通知抵押权人，但有证据证明抵押权人知道或者应当知道查封、扣押事实的，受抵押担保的债权数额从其知道或者应当知道该事实时起不再增加。

◆ **第四百二十四条　最高额抵押权的法律适用**

最高额抵押权除适用本节规定外，适用本章第一节的有关规定。

第十八章 质　　权

第一节　动　产　质　权

◆ **第四百二十五条　动产质权的基本权利**

为担保债务的履行，债务人或者第三人将其动产出质给债权人占有的，债务人不履行到期债务或者发生当事人约定的实现质权的情形，<u>债权人有权就该动产优先受偿</u>。

前款规定的债务人或者第三人为出质人，债权人为质权人，交付的动产为质押财产。

实用问答

在债权人、出质人与监管人订立三方协议来提供担保的情况下，如何认定质权的设立？

答：根据《最高人民法院关于适用〈中华人民共和国民法典〉有关担保制度的解释》第55条的规定，债权人、出质人与监管人订立三方协议，出质人以通过一定数量、品种等概括描述能够确定范围的货物为债务的履行提供担保，当事人有证据证明监管人系受债权人的委托监管并实际控制该货物的，人民法院应当认定质权于监管人实际控制货物之日起设立。监管人违反约定向出质人或者其他人放货、因保管不善导致货物毁损灭失，债权人请求监管人承担违约责任的，人民法院依法予以支持。

在前述规定情形下，当事人有证据证明监管人系受出质人委托监管该货物，或者虽然受债权人委托但是未实际履行监管职责，导致货物仍由出质人实际控制的，人民法院应当认定质权未设立。债权人可以基于质押合同的约定请求出质人承担违约责任，但是不得超过质权有效设立时出质人应当承担的责任范围。监管人未履行监管职责，债权人请求监管人承担责任的，人民法院依法予以支持。

◆ **第四百二十六条　禁止质押的动产范围**

法律、行政法规禁止转让的动产不得出质。

实用问答

1. 按照以死亡为给付保险金条件的合同所签发的保险单，是否可以质押？

答：根据《保险法》第 34 条第 2 款的规定，按照以死亡为给付保险金条件的合同所签发的保险单，未经被保险人书面同意，不得转让或者质押。

2. 国家禁止出境的文物，可以质押给外国人吗？

答：根据《文物保护法》第 52 条第 3 款的规定，国家禁止出境的文物，不得转让、出租、质押给外国人。

◆ **第四百二十七条　质押合同**

设立质权，当事人应当采用书面形式订立质押合同。

质押合同一般包括下列条款：

（一）被担保债权的种类和数额；
（二）债务人履行债务的期限；
（三）质押财产的名称、数量等情况；
（四）担保的范围；
（五）质押财产交付的时间、方式。

◆ **第四百二十八条　流质**

质权人在债务履行期限届满前，与出质人约定债务人不履行到期债务时质押财产归债权人所有的，只能依法就质押财产优先受偿。

实用问答

债务人或者第三人与债权人的流质约定无效，是否影响当事人有关提供担保的意思表示的效力？当事人已经完成财产权利变动的公示的，债权人或债务人可否请求对财产折价？

答：根据《最高人民法院关于适用〈中华人民共和国民法典〉有关担保制度的解释》第 68 条第 2 款的规定，债务人或者第三人与债权人约定将财产形式上转移至债权人名下，债务人不履行到期债务，财产归债权人所有的，人民法院应当认定该约定无效，但是不影响当事人有关提供担保的意思表示的效力。当事人已经完成财产权利变动的公示，债务人不履行到期债务，债权人请求对该财产享有所有权的，人民法院不予支持；债权人请求参照《民法典》关于担保物权的规定对财产折价或者以拍卖、变卖该财产所得的价款优先受偿的，人民法院应予支持；债务人履行债务后请求返还财产，或者请求对财产折价或者以拍卖、变卖所得的价款清偿债务的，人民法院应予支持。

◆ **第四百二十九条　质权设立**

质权自出质人交付质押财产时设立。

典型案例

中国农业发展银行安徽省分行诉张某某、安徽长江融资担保集团有限公司执行异议之诉纠纷案[①]

要旨：质权自出质人交付质押财产时设立。金钱作为一种特殊的动产，可以用于质押。金钱质押作为特殊的动产质押，不同于不动产抵押和权利质押，应当符合金钱特定化和移交债权人占有两个要件，以使金钱既不与出质人其他财产相混同，又能独立于质权人的财产。当事人依约为出质的金钱开立保证金专门账户，且质权人取得对该专门账户的占有控制权，符合金钱特定化和移交占有的要求，即使该账户内资金余额发生浮动，也不影响该金钱质权的设立。

[①] 参见最高人民法院第 54 号指导案例。

◆ **第四百三十条　质权人孳息收取权及孳息首要清偿用途**

质权人有权收取质押财产的孳息，但是合同另有约定的除外。

前款规定的孳息应当先充抵收取孳息的费用。

典型案例

谢某某、曾某某民间借贷纠纷案①

要旨： 质权人有权收取质押财产的孳息，依法收取的孳息首先应当充抵收取孳息的费用，然后充抵原债权的利息及本金。本案中，产生的租金应先抵偿收取孳息的费用，再充抵原债权的利息及本金。质权人陈某某既已自认收取的 46000 元当中有 20000 元系租金，则该租金应先充抵原债权利息，尚有余额再充抵本金。

◆ **第四百三十一条　质权人擅自使用、处分质押财产的责任**

质权人在质权存续期间，未经出质人同意，擅自使用、处分质押财产，造成出质人损害的，应当承担赔偿责任。

---

① 参见湖南省怀化市中级人民法院（2021）湘 12 民终 51 号民事判决书。

📄 **实用问答**

质押当物在典当期内发生遗失或者损毁的,典当行如何赔偿?

答:根据《典当管理办法》第41条的规定,典当行在当期内不得出租、质押、抵押和使用当物。质押当物在典当期内或者续当期内发生遗失或者损毁的,典当行应当按照估价金额进行赔偿。遇有不可抗力导致质押当物损毁的,典当行不承担赔偿责任。

◆ **第四百三十二条　质权人的保管义务和赔偿责任**

质权人负有妥善保管质押财产的义务;因保管不善致使质押财产毁损、灭失的,应当承担赔偿责任。

质权人的行为可能使质押财产毁损、灭失的,出质人可以请求质权人将质押财产提存,或者请求提前清偿债务并返还质押财产。

◆ **第四百三十三条　质权的保护**

因不可归责于质权人的事由可能使质押财产毁损或者价值明显减少,足以危害质权人权利的,质权人有权请求出质人提供相应的担保;出质人不提供的,质权人可以拍卖、变卖质押财产,并与出质人协议将拍卖、变卖所得的价款提前清偿债务或者提存。

◆ **第四百三十四条　责任转质**

质权人在质权存续期间,未经出质人同意转质,造成质押财产毁损、灭失的,应当承担赔偿责任。

◆ **第四百三十五条　质权的放弃**

质权人可以放弃质权。债务人以自己的财产出质，质权人放弃该质权的，其他担保人在质权人丧失优先受偿权益的范围内免除担保责任，但是其他担保人承诺仍然提供担保的除外。

实用问答

如何理解质权人放弃质权？

答：质权人放弃质权，是指质权人放弃其因享有质权而就质押财产优先于普通债权人受清偿的权利的行为。质权人放弃质权应当明示作出意思表示。质权人不行使质权或者怠于行使质权的，不能推定质权人放弃质权。

◆ **第四百三十六条　质物返还及质权实现**

债务人履行债务或者出质人提前清偿所担保的债权的，质权人应当返还质押财产。

债务人不履行到期债务或者发生当事人约定的实现质权的情形，质权人可以与出质人协议以质押财产折价，也可以就拍卖、变卖质押财产所得的价款优先受偿。

质押财产折价或者变卖的，应当参照市场价格。

实用问答

1. 如何理解质权人实现质权？

答：质权人实现质权，是指质权人在债权已届清偿期而债务人不履行债务或者发生当事人约定的实现质权的情形时，处分占有的质押财产并优先受偿的行为。

2. 当户应于何时赎当？当户于典当期限届满至绝当前赎当的，应交哪些费用？

答：根据《典当管理办法》第 40 条的规定，典当期限或者续当期限届满后，当户应当在 5 日内赎当或者续当。逾期不赎当也不续当的，为绝当。当户于典当期限或者续当期限届满至绝当前赎当的，除须偿还当金本息、综合费用外，还应当根据中国人民银行规定的银行等金融机构逾期贷款罚息水平、典当行制定的费用标准和逾期天数，补交当金利息和有关费用。

◆ **第四百三十七条　质权的及时行使**

出质人可以请求质权人在债务履行期限届满后及时行使质权；质权人不行使的，出质人可以请求人民法院拍卖、变卖质押财产。

出质人请求质权人及时行使质权，因质权人怠于行使权利造成出质人损害的，由质权人承担赔偿责任。

◆ **第四百三十八条　质押财产变价后的处理**

质押财产折价或者拍卖、变卖后，其价款超过债权数额的部分归出质人所有，不足部分由债务人清偿。

◆ **第四百三十九条　最高额质权**

出质人与质权人可以协议设立最高额质权。

最高额质权除适用本节有关规定外，参照适用本编第十七章第二节的有关规定。

> 📝 **名词解释**

　　最高额质权　为担保债务的履行，债务人或者第三人对一定期间内将要连续发生的债权提供质押财产担保的，债务人不履行到期债务或者发生当事人约定的实现质权的情形，质权人在最高债权额限度内就该质押财产优先受偿的权利。

第二节　权利质权

◆ **第四百四十条　权利质权的范围**

　　债务人或者第三人有权处分的下列权利可以出质：
　　（一）汇票、本票、支票；
　　（二）债券、存款单；
　　（三）仓单、提单；
　　（四）可以转让的基金份额、股权；
　　（五）可以转让的注册商标专用权、专利权、著作权等知识产权中的财产权；
　　（六）现有的以及将有的应收账款；
　　（七）法律、行政法规规定可以出质的其他财产权利。

> 📝 **名词解释**

　　汇票　出票人签发的，委托付款人在见票时或者在指定日期无条件支付确定的金额给收款人或者持票人的票据。
　　本票　出票人签发的，承诺自己在见票时无条件支付确定的金额给收款人或者持票人的票据。

支票　出票人签发的，委托办理支票存款业务的银行或者其他金融机构在见票时无条件支付确定的金额给收款人或持票人的票据。

◆ **第四百四十一条　有价证券出质的质权的设立**

以汇票、本票、支票、债券、存款单、仓单、提单出质的，<u>质权自权利凭证交付质权人时设立</u>；没有权利凭证的，<u>质权自办理出质登记时设立</u>。法律另有规定的，依照其规定。

实用问答

1. 汇票可以设定质押吗？背书时有何特殊规定？被背书人的权利如何？

答：根据《票据法》第 35 条第 2 款的规定，汇票可以设定质押；质押时应当以背书记载"质押"字样。被背书人依法实现其质权时，可以行使汇票权利。

2. 以汇票出质，质权何时设立？

答：根据《最高人民法院关于适用〈中华人民共和国民法典〉有关担保制度的解释》第 58 条的规定，以汇票出质，当事人以背书记载"质押"字样并在汇票上签章，汇票已经交付质权人的，人民法院应当认定质权自汇票交付质权人时设立。

3. 以仓单出质，质权何时设立？

答：根据《最高人民法院关于适用〈中华人民共和国民法典〉有关担保制度的解释》第 59 条第 1 款的规定，存货人或者仓单持有人在仓单上以背书记载"质押"字样，并经保管人签章，仓单已经交付质权人的，人民法院应当认定质权自仓单交付质权人时设立。

没有权利凭证的仓单，依法可以办理出质登记的，仓单质权自办理出质登记时设立。

4. 仓单质押与仓储物担保竞合时，如何清偿？

答：根据《最高人民法院关于适用〈中华人民共和国民法典〉有关担保制度的解释》第59条第2款的规定，出质人既以仓单出质，又以仓储物设立担保，按照公示的先后确定清偿顺序；难以确定先后的，按照债权比例清偿。

5. 同一货物存在多份仓单，且在多份仓单上设立多个质权时，如何清偿？

答：根据《最高人民法院关于适用〈中华人民共和国民法典〉有关担保制度的解释》第59条第3款的规定，保管人为同一货物签发多份仓单，出质人在多份仓单上设立多个质权，按照公示的先后确定清偿顺序；难以确定先后的，按照债权比例受偿。

6. 以汇票设定质押时，哪些情况不构成票据质押？

答：根据《最高人民法院关于审理票据纠纷案件若干问题的规定》第54条的规定，以汇票设定质押时，出质人在汇票上只记载了"质押"字样未在票据上签章的，或者出质人未在汇票、粘单上记载"质押"字样而另行签订质押合同、质押条款的，不构成票据质押。

7. 以伪造、变造的虚假存单质押的，其法律后果如何？

答：根据《最高人民法院关于审理存单纠纷案件的若干规定》第8条第1款的规定，存单可以质押。存单持有人以伪造、变造的虚假存单质押的，质押合同无效。接受虚假存单质押的当事人如以该存单质押为由起诉金融机构，要求兑付存款优先受偿的，人民法院应当判决驳回其诉讼请求，并告知其可另案起诉出质人。

8. 以金融机构开具的、未有实际存款或与实际存款不符的存单进行质押的，其法律后果如何？

答：根据《最高人民法院关于审理存单纠纷案件的若干规定》第8条第2款的规定，存单持有人以金融机构开具的、未有实际存款或与实际存款不符的存单进行质押，以骗取或占用他人财产的，该质押关系无效。接受存单质押的人起诉的，该存单持有人与开具存单的金融机构为共同被告。利用存单骗取或占用他人财产的存单持有人对侵犯他人财产权承担赔偿责任，开具存单的金融机构因其过错致他人财产权受损，对所造成的损失承担连带赔偿责任。接受存单质押的人在审查存单的真实性上有重大过失的，开具存单的金融机构仅对所造成的损失承担补充赔偿责任。明知存单虚假而接受存单质押的，开具存单的金融机构不承担民事赔偿责任。

9. 以金融机构核押的存单出质的，是否存在质押合同无效的情形？

答：根据《最高人民法院关于审理存单纠纷案件的若干规定》第8条第3款的规定，以金融机构核押的存单出质的，即便存单系伪造、变造、虚开，质押合同均为有效，金融机构应当依法向质权人兑付存单所记载的款项。

◆ **第四百四十二条　有价证券出质的质权的特别实现方式**

　　汇票、本票、支票、债券、存款单、仓单、提单的兑现日期或者提货日期先于主债权到期的，质权人可以兑现或者提货，并与出质人协议将兑现的价款或者提取的货物提前清偿债务或者提存。

实用问答

不同情况下，质权人如何行使票据权利？

答：根据《电子商业汇票业务管理办法》第52条的规定，主债务到期日先于票据到期日，且主债务已经履行完毕的，质权人应按约定解除质押。主债务到期日先于票据到期日，且主债务到期未履行的，质权人可行使票据权利，但不得继续背书。票据到期日先于主债务到期日的，质权人可在票据到期后行使票据权利，并与出质人协议将兑现的票款用于提前清偿所担保的债权或继续作为债权的担保。

◆ 第四百四十三条　以基金份额、股权出质的质权设立及转让限制

以基金份额、股权出质的，质权自办理出质登记时设立。

基金份额、股权出质后，不得转让，但是出质人与质权人协商同意的除外。出质人转让基金份额、股权所得的价款，应当向质权人提前清偿债务或者提存。

实用问答

关于外商投资企业股东与债权人订立的股权质押合同的效力有何规定？

答：根据《最高人民法院关于审理外商投资企业纠纷案件若干问题的规定（一）》第13条的规定，外商投资企业股东与债权人订立的股权质押合同，除法律、行政法规另有规定或者合同另有约定外，自成立时生效。未办理质权登记的，不影响股权质押合同的效力。当事人仅以股权质押合同未经外商投资企业审批机关批准为由

主张合同无效或未生效的,人民法院不予支持。股权质押合同依照《民法典》的相关规定办理了出质登记的,股权质权自登记时设立。

◆ **第四百四十四条　以知识产权中的财产权出质的质权的设立及转让限制**

以注册商标专用权、专利权、著作权等知识产权中的财产权出质的,质权自办理出质登记时设立。

知识产权中的财产权出质后,<u>出质人不得转让或者许可他人使用</u>,但是出质人与质权人协商同意的除外。出质人转让或者许可他人使用出质的知识产权中的财产权所得的价款,<u>应当向质权人提前清偿债务或者提存</u>。

实用问答

1. 哪些情况下,国家知识产权局应作出专利权质押不予登记的决定?

答:根据《专利权质押登记办法》第11条的规定,专利权质押登记申请经审查合格的,国家知识产权局在专利登记簿上予以登记,并向当事人发送《专利权质押登记通知书》。经审查发现有下列情形之一的,国家知识产权局作出不予登记的决定,并向当事人发送《专利权质押不予登记通知书》:(1)出质人不是当事人申请质押登记时专利登记簿记载的专利权人的;(2)专利权已终止或者已被宣告无效的;(3)专利申请尚未被授予专利权的;(4)专利权没有按照规定缴纳年费的;(5)因专利权的归属发生纠纷已请求国家知识产权局中止有关程序,或者人民法院裁定对专利权采取保全措施,专利权的质押手续被暂停办理的;(6)债务人履行债务的期限超过专利权有效期的;(7)质押合同不符合该办法第8条规定的;(8)以共有专利权出质但未取得全体共有人同意且无特别约定的；（9）专利权已被申请质押登记且处于质押期间的；（10）请求办理质押登记的同一申请人的实用新型有同样的发明创造已于同日申请发明专利的，但当事人被告知该情况后仍声明同意继续办理专利权质押登记的除外；（11）专利权已被启动无效宣告程序的，但当事人被告知该情况后仍声明同意继续办理专利权质押登记的除外；（12）其他不符合出质条件的情形。

2. 申请著作权质权登记应提交哪些文件？

答：根据《著作权质权登记办法》第 6 条第 1 款的规定，申请著作权质权登记的，应提交下列文件：（1）著作权质权登记申请表；（2）出质人和质权人的身份证明；（3）主合同和著作权质权合同；（4）委托代理人办理的，提交委托书和受托人的身份证明；（5）以共有的著作权出质的，提交共有人同意出质的书面文件；（6）出质前授权他人使用的，提交授权合同；（7）出质的著作权经过价值评估的、质权人要求价值评估的或相关法律法规要求价值评估的，提交有效的价值评估报告；（8）其他需要提供的材料。

◆ **第四百四十五条　以应收账款出质的质权的设立及转让限制**

以应收账款出质的，质权自办理出质登记时设立。

应收账款出质后，<u>不得转让</u>，但是出质人与质权人协商同意的除外。出质人转让应收账款所得的价款，应当向质权人<u>提前清偿债务或者提存</u>。

实用问答

以现有的应收账款出质的，质权人和应收账款债务人在哪些情形下可以主张权利？

答：根据《最高人民法院关于适用〈中华人民共和国民法典〉有关担保制度的解释》第 61 条第 1～3 款的规定，以现有的应收账款出质，应收账款债务人向质权人确认应收账款的真实性后，又以应收账款不存在或者已经消灭为由主张不承担责任的，人民法院不予支持。

以现有的应收账款出质，应收账款债务人未确认应收账款的真实性，质权人以应收账款债务人为被告，请求就应收账款优先受偿，能够举证证明办理出质登记时应收账款真实存在的，人民法院应予支持；质权人不能举证证明办理出质登记时应收账款真实存在，仅以已经办理出质登记为由，请求就应收账款优先受偿的，人民法院不予支持。

以现有的应收账款出质，应收账款债务人已经向应收账款债权人履行了债务，质权人请求应收账款债务人履行债务的，人民法院不予支持，但是应收账款债务人接到质权人要求向其履行的通知后，仍然向应收账款债权人履行的除外。

◆ **第四百四十六条　权利质权的法律适用**

权利质权除适用本节规定外，适用本章第一节的有关规定。

第十九章　留　置　权

◆ **第四百四十七条　留置权的一般规定**

债务人不履行到期债务，债权人可以留置已经合法占有的债务人的动产，并有权就该动产优先受偿。

前款规定的债权人为留置权人，占有的动产为留置财产。

名词解释

留置权　在债务人不履行到期债务时，债权人有权依照法律规定留置已经合法占有的债务人的动产，并就该动产优先受偿的权利。

实用问答

1. 留置权具有哪些特征？

答：留置权具有以下特征：（1）从属性。留置权以担保债权而存在，因此留置权为从属于所担保债权的从权利。留置权因主债权的存在而存在，因主债权的转移而转移，并因主债权的消灭而消灭。（2）法定性。留置权为法定担保物权，只能直接依据法律的规定发生，不能由当事人自由设定。（3）不可分性。只要债权未受全部清偿，留置权人就可以对全部留置财产行使权利，不受债权分割或者部分清偿以及留置财产分割的影响。

2. 留置权成立的要件是什么？

答：留置权成立的要件主要包括：（1）债权人已经合法占有债务人的动产。（2）债权人留置的动产，应当与债权属于同一法律关系，但企业之间留置的除外。（3）债务人不履行到期债务。债权人对已经合法占有的动产，并不能当然成立留置权，留置权的成立还须以债权已届清偿期而债务人未全部履行为要件。

◆ **第四百四十八条　留置财产与债权的关系**

债权人留置的动产，应当与债权属于同一法律关系，但是企业之间留置的除外。

实用问答

1. 债务人不履行到期债务，债权人可否请求优先受偿留置的第三人的动产？

答：根据《最高人民法院关于适用〈中华人民共和国民法典〉有关担保制度的解释》第 62 条第 1 款的规定，债务人不履行到期债务，债权人因同一法律关系留置合法占有的第三人的动产，并主张就该留置财产优先受偿的，人民法院应予支持。第三人以该留置财产并非债务人的财产为由请求返还的，人民法院不予支持。

2. 企业之间留置的动产与债权并非同一法律关系，哪些留置财产可予返还？

答：根据《最高人民法院关于适用〈中华人民共和国民法典〉有关担保制度的解释》第 62 条第 2、3 款的规定，企业之间留置的动产与债权并非同一法律关系，债务人以该债权不属于企业持续经营中发生的债权为由请求债权人返还留置财产的，人民法院应予支持。企业之间留置的动产与债权并非同一法律关系，债权人留置第三人的财产，第三人请求债权人返还留置财产的，人民法院应予支持。

◆ **第四百四十九条　留置权适用范围的限制**

法律规定或者当事人约定不得留置的动产，不得留置。

实用问答

海关监管的货物可以抵押或留置吗？

答：根据《海关法》第37条第1款的规定，海关监管货物，未经海关许可，不得开拆、提取、交付、发运、调换、改装、抵押、质押、留置、转让、更换标记、移作他用或者进行其他处置。

◆ **第四百五十条　留置财产为可分物的特殊规定**

留置财产为可分物的，留置财产的价值应当相当于债务的金额。

名词解释

可分物　经分割不损害其经济用途或者失去其价值的物。

实用问答

担保物权人是否仅可就担保财产的全部行使担保物权？

答：根据《最高人民法院关于适用〈中华人民共和国民法典〉有关担保制度的解释》第38条的规定，主债权未受全部清偿，担保物权人主张就担保财产的全部行使担保物权的，人民法院应予支持，但是留置权人行使留置权的，应当依照《民法典》第450条的规定处理。担保财产被分割或者部分转让，担保物权人主张就分割或者转让后的担保财产行使担保物权的，人民法院应予支持，但是法律或者司法解释另有规定的除外。

◆ **第四百五十一条　留置权人的保管义务**

留置权人负有妥善保管留置财产的义务；因保管不善致使留置财产毁损、灭失的，应当承担赔偿责任。

◆ **第四百五十二条　留置权人收取孳息的权利**

留置权人有权收取留置财产的孳息。

前款规定的孳息应当先充抵收取孳息的费用。

◆ **第四百五十三条　留置权实现的一般规定**

留置权人与债务人应当约定留置财产后的债务履行期限；没有约定或者约定不明确的，留置权人应当给债务人六十日以上履行债务的期限，但是鲜活易腐等不易保管的动产除外。债务人逾期未履行的，留置权人可以与债务人协议以留置财产折价，也可以就拍卖、变卖留置财产所得的价款优先受偿。

留置财产折价或者变卖的，应当参照市场价格。

◆ **第四百五十四条　留置权债务人的请求权**

债务人可以请求留置权人在债务履行期限届满后行使留置权；留置权人不行使的，债务人可以请求人民法院拍卖、变卖留置财产。

◆ **第四百五十五条　留置权的实现**

留置财产折价或者拍卖、变卖后，其价款超过债权数额的部分归债务人所有，不足部分由债务人清偿。

◆ **第四百五十六条　留置权与抵押权或者质权竞合时的顺位原则**

同一动产上已经设立抵押权或者质权，该动产又被留置的，留置权人优先受偿。

实用问答

1. 什么是船舶留置权？船舶留置权的受偿顺位如何规定？

答：根据《海商法》第 25 条的规定，船舶留置权，是指造船人、修船人在合同另一方未履行合同时，可以留置所占有的船舶，以保证造船费用或者修船费用得以偿还的权利。船舶留置权在造船人、修船人不再占有所造或者所修的船舶时消灭。船舶优先权先于船舶留置权受偿，船舶抵押权后于船舶留置权受偿。

2. 纳税人欠缴的税款发生在纳税人的财产被留置之前的，税收应当先于留置权执行吗？

答：根据《税收征收管理法》第 45 条第 1 款的规定，税务机关征收税款，税收优先于无担保债权，法律另有规定的除外；纳税人欠缴的税款发生在纳税人以其财产设定抵押、质押或者纳税人的财产被留置之前的，税收应当先于抵押权、质权、留置权执行。

◆ **第四百五十七条　留置权消灭的原因**

留置权人对留置财产丧失占有或者留置权人接受债务人另行提供担保的,留置权消灭。

实用问答

被查封、扣押、冻结的财产由人民法院保管的,留置权会因采取保全措施而消灭吗?

答:根据《最高人民法院关于适用〈中华人民共和国民事诉讼法〉的解释》第 154 条第 2 款的规定,查封、扣押、冻结担保物权人占有的担保财产,一般由担保物权人保管;由人民法院保管的,质权、留置权不因采取保全措施而消灭。

第五分编 占 有

第二十章 占 有

◆ **第四百五十八条 有权占有的法律适用**

基于合同关系等产生的占有,有关不动产或者动产的使用、收益、违约责任等,按照合同约定;合同没有约定或者约定不明确的,依照有关法律规定。

◆ **第四百五十九条 无权占有造成占有物损害的赔偿责任**

占有人因使用占有的不动产或者动产,致使该不动产或者动产受到损害的,恶意占有人应当承担赔偿责任。

◆ **第四百六十条 权利人的返还请求权和占有人的费用求偿权**

不动产或者动产被占有人占有的,权利人可以请求返还原物及其孳息;但是,应当支付善意占有人因维护该不动产或者动产支出的必要费用。

◆ **第四百六十一条　占有的不动产或动产毁损、灭失时占有人的责任**

占有的不动产或者动产毁损、灭失，该不动产或者动产的权利人请求赔偿的，占有人应当将因毁损、灭失取得的保险金、赔偿金或者补偿金等返还给权利人；权利人的损害未得到足够弥补的，恶意占有人还应当赔偿损失。

实用问答

1. 如何理解《民法典》第 461 条所称的"毁损"？

答：《民法典》第 461 条所称的"毁损"，是指使被占有的不动产或者动产的使用价值或者交换价值降低的情形。

2. 如何理解《民法典》第 461 条所称的"灭失"？

答：《民法典》第 461 条所称的"灭失"，是指被占有的不动产或者动产对于占有人来说，不复存在的情形。这包括物的实体消灭和丧失下落，或者被第三人善意取得而不能返还。

3. 如何理解《民法典》第 461 条所称的"恶意占有"？

答：《民法典》第 461 条所称的"恶意占有"，是指占有人明知或者因重大过失不知自己为无权占有而仍然进行占有的情形。

◆ **第四百六十二条　占有保护请求权**

占有的不动产或者动产被侵占的，占有人有权请求返还原物；对妨害占有的行为，占有人有权请求排除妨害或者消除危险；因侵占或者妨害造成损害的，占有人有权依法请求损害赔偿。

占有人返还原物的请求权,自侵占发生之日起一年内未行使的,该请求权消灭。

附 录

最高人民法院关于适用《中华人民共和国民法典》物权编的解释（一）

（2020年12月25日最高人民法院审判委员会第1825次会议通过 2020年12月29日公布 法释〔2020〕24号 自2021年1月1日起施行）

为正确审理物权纠纷案件，根据《中华人民共和国民法典》等相关法律规定，结合审判实践，制定本解释。

第一条 因不动产物权的归属，以及作为不动产物权登记基础的买卖、赠与、抵押等产生争议，当事人提起民事诉讼的，应当依法受理。当事人已经在行政诉讼中申请一并解决上述民事争议，且人民法院一并审理的除外。

第二条 当事人有证据证明不动产登记簿的记载与真实权利状态不符，其为该不动产物权的真实权利人，请求确认其享有物权的，应予支持。

第三条 异议登记因民法典第二百二十条第二款规定的事由失效后，当事人提起民事诉讼，请求确认物权归属的，应当依法受理。异议登记失效不影响人民法院对案件的实体审理。

第四条 未经预告登记的权利人同意，转让不动产所有权等物权，或者设立建设用地使用权、居住权、地役权、抵押权等其他物权的，应当依照民法典第二百二十一条第一款的规定，认定其不发生物权效力。

第五条 预告登记的买卖不动产物权的协议被认定无效、被撤销，或者预告登记的权利人放弃债权的，应当认定为民法典第二百二十一条第二款所称的"债权消灭"。

第六条 转让人转让船舶、航空器和机动车等所有权，受让人已经支付合理价款并取得占有，虽未经登记，但转让人的债权人主张其为民法典第二百二十五条所称的"善意第三人"的，不予支持，法律另有规定的除外。

第七条 人民法院、仲裁机构在分割共有不动产或者动产等案件中作出并依法生效的改变原有物权关系的判决书、裁决书、调解书，以及人民法院在执行程序中作出的拍卖成交裁定书、变卖成交裁定书、以物抵债裁定书，应当认定为民法典第二百二十九条所称导致物权设立、变更、转让或者消灭的人民法院、仲裁机构的法律文书。

第八条 依据民法典第二百二十九条至第二百三十一条规定享有物权，但尚未完成动产交付或者不动产登记的权利人，依据民法典第二百三十五条至第二百三十八条的规定，请求保护其物权的，应予支持。

第九条 共有份额的权利主体因继承、遗赠等原因发生变化时，其他按份共有人主张优先购买的，不予支持，但按份共有人之间另有约定的除外。

第十条 民法典第三百零五条所称的"同等条件"，应当综合共有份额的转让价格、价款履行方式及期限等因素确定。

第十一条 优先购买权的行使期间，按份共有人之间有约定的，按照约定处理；没有约定或者约定不明的，按照下列情形确定：

（一）转让人向其他按份共有人发出的包含同等条件内容的通知中载明行使期间的，以该期间为准；

（二）通知中未载明行使期间，或者载明的期间短于通知送达之

日起十五日的,为十五日;

(三)转让人未通知的,为其他按份共有人知道或者应当知道最终确定的同等条件之日起十五日;

(四)转让人未通知,且无法确定其他按份共有人知道或者应当知道最终确定的同等条件的,为共有份额权属转移之日起六个月。

第十二条 按份共有人向共有人之外的人转让其份额,其他按份共有人根据法律、司法解释规定,请求按照同等条件优先购买该共有份额的,应予支持。其他按份共有人的请求具有下列情形之一的,不予支持:

(一)未在本解释第十一条规定的期间内主张优先购买,或者虽主张优先购买,但提出减少转让价款、增加转让人负担等实质性变更要求;

(二)以其优先购买权受到侵害为由,仅请求撤销共有份额转让合同或者认定该合同无效。

第十三条 按份共有人之间转让共有份额,其他按份共有人主张依据民法典第三百零五条规定优先购买的,不予支持,但按份共有人之间另有约定的除外。

第十四条 受让人受让不动产或者动产时,不知道转让人无处分权,且无重大过失的,应当认定受让人为善意。

真实权利人主张受让人不构成善意的,应当承担举证证明责任。

第十五条 具有下列情形之一的,应当认定不动产受让人知道转让人无处分权:

(一)登记簿上存在有效的异议登记;

(二)预告登记有效期内,未经预告登记的权利人同意;

(三)登记簿上已经记载司法机关或者行政机关依法裁定、决定查封或者以其他形式限制不动产权利的有关事项;

（四）受让人知道登记簿上记载的权利主体错误；

（五）受让人知道他人已经依法享有不动产物权。

真实权利人有证据证明不动产受让人应当知道转让人无处分权的，应当认定受让人具有重大过失。

第十六条 受让人受让动产时，交易的对象、场所或者时机等不符合交易习惯的，应当认定受让人具有重大过失。

第十七条 民法典第三百一十一条第一款第一项所称的"受让人受让该不动产或者动产时"，是指依法完成不动产物权转移登记或者动产交付之时。

当事人以民法典第二百二十六条规定的方式交付动产的，转让动产民事法律行为生效时为动产交付之时；当事人以民法典第二百二十七条规定的方式交付动产的，转让人与受让人之间有关转让返还原物请求权的协议生效时为动产交付之时。

法律对不动产、动产物权的设立另有规定的，应当按照法律规定的时间认定权利人是否为善意。

第十八条 民法典第三百一十一条第一款第二项所称"合理的价格"，应当根据转让标的物的性质、数量以及付款方式等具体情况，参考转让时交易地市场价格以及交易习惯等因素综合认定。

第十九条 转让人将民法典第二百二十五条规定的船舶、航空器和机动车等交付给受让人的，应当认定符合民法典第三百一十一条第一款第三项规定的善意取得的条件。

第二十条 具有下列情形之一，受让人主张依据民法典第三百一十一条规定取得所有权的，不予支持：

（一）转让合同被认定无效；

（二）转让合同被撤销。

第二十一条 本解释自 2021 年 1 月 1 日起施行。

最高人民法院关于适用《中华人民共和国民法典》有关担保制度的解释

（2020年12月25日最高人民法院审判委员会第1824次会议通过　2020年12月31日公布　法释〔2020〕28号　自2021年1月1日起施行）

为正确适用《中华人民共和国民法典》有关担保制度的规定，结合民事审判实践，制定本解释。

一、关于一般规定

第一条　因抵押、质押、留置、保证等担保发生的纠纷，适用本解释。所有权保留买卖、融资租赁、保理等涉及担保功能发生的纠纷，适用本解释的有关规定。

第二条　当事人在担保合同中约定担保合同的效力独立于主合同，或者约定担保人对主合同无效的法律后果承担担保责任，该有关担保独立性的约定无效。主合同有效的，有关担保独立性的约定无效不影响担保合同的效力；主合同无效的，人民法院应当认定担保合同无效，但是法律另有规定的除外。

因金融机构开立的独立保函发生的纠纷，适用《最高人民法院关于审理独立保函纠纷案件若干问题的规定》。

第三条　当事人对担保责任的承担约定专门的违约责任，或者约定的担保责任范围超出债务人应当承担的责任范围，担保人主张仅在债务人应当承担的责任范围内承担责任的,人民法院应予支持。

担保人承担的责任超出债务人应当承担的责任范围,担保人向债务人追偿,债务人主张仅在其应当承担的责任范围内承担责任的,人民法院应予支持;担保人请求债权人返还超出部分的,人民法院依法予以支持。

第四条 有下列情形之一,当事人将担保物权登记在他人名下,债务人不履行到期债务或者发生当事人约定的实现担保物权的情形,债权人或者其受托人主张就该财产优先受偿的,人民法院依法予以支持:

(一)为债券持有人提供的担保物权登记在债券受托管理人名下;

(二)为委托贷款人提供的担保物权登记在受托人名下;

(三)担保人知道债权人与他人之间存在委托关系的其他情形。

第五条 机关法人提供担保的,人民法院应当认定担保合同无效,但是经国务院批准为使用外国政府或者国际经济组织贷款进行转贷的除外。

居民委员会、村民委员会提供担保的,人民法院应当认定担保合同无效,但是依法代行村集体经济组织职能的村民委员会,依照村民委员会组织法规定的讨论决定程序对外提供担保的除外。

第六条 以公益为目的的非营利性学校、幼儿园、医疗机构、养老机构等提供担保的,人民法院应当认定担保合同无效,但是有下列情形之一的除外:

(一)在购入或者以融资租赁方式承租教育设施、医疗卫生设施、养老服务设施和其他公益设施时,出卖人、出租人为担保价款或者租金实现而在该公益设施上保留所有权;

(二)以教育设施、医疗卫生设施、养老服务设施和其他公益设施以外的不动产、动产或者财产权利设立担保物权。

登记为营利法人的学校、幼儿园、医疗机构、养老机构等提供担保，当事人以其不具有担保资格为由主张担保合同无效的，人民法院不予支持。

第七条 公司的法定代表人违反公司法关于公司对外担保决议程序的规定，超越权限代表公司与相对人订立担保合同，人民法院应当依照民法典第六十一条和第五百零四条等规定处理：

（一）相对人善意的，担保合同对公司发生效力；相对人请求公司承担担保责任的，人民法院应予支持。

（二）相对人非善意的，担保合同对公司不发生效力；相对人请求公司承担赔偿责任的，参照适用本解释第十七条的有关规定。

法定代表人超越权限提供担保造成公司损失，公司请求法定代表人承担赔偿责任的，人民法院应予支持。

第一款所称善意，是指相对人在订立担保合同时不知道且不应当知道法定代表人超越权限。相对人有证据证明已对公司决议进行了合理审查，人民法院应当认定其构成善意，但是公司有证据证明相对人知道或者应当知道决议系伪造、变造的除外。

第八条 有下列情形之一，公司以其未依照公司法关于公司对外担保的规定作出决议为由主张不承担担保责任的，人民法院不予支持：

（一）金融机构开立保函或者担保公司提供担保；

（二）公司为其全资子公司开展经营活动提供担保；

（三）担保合同系由单独或者共同持有公司三分之二以上对担保事项有表决权的股东签字同意。

上市公司对外提供担保，不适用前款第二项、第三项的规定。

第九条 相对人根据上市公司公开披露的关于担保事项已经董事会或者股东大会决议通过的信息，与上市公司订立担保合同，相对人主张担保合同对上市公司发生效力,并由上市公司承担担保责任的,人民法院应予支持。

相对人未根据上市公司公开披露的关于担保事项已经董事会或者股东大会决议通过的信息,与上市公司订立担保合同,上市公司主张担保合同对其不发生效力,且不承担担保责任或者赔偿责任的,人民法院应予支持。

相对人与上市公司已公开披露的控股子公司订立的担保合同,或者相对人与股票在国务院批准的其他全国性证券交易场所交易的公司订立的担保合同,适用前两款规定。

第十条 一人有限责任公司为其股东提供担保,公司以违反公司法关于公司对外担保决议程序的规定为由主张不承担担保责任的,人民法院不予支持。公司因承担担保责任导致无法清偿其他债务,提供担保时的股东不能证明公司财产独立于自己的财产,其他债权人请求该股东承担连带责任的,人民法院应予支持。

第十一条 公司的分支机构未经公司股东(大)会或者董事会决议以自己的名义对外提供担保,相对人请求公司或者其分支机构承担担保责任的,人民法院不予支持,但是相对人不知道且不应当知道分支机构对外提供担保未经公司决议程序的除外。

金融机构的分支机构在其营业执照记载的经营范围内开立保函,或者经有权从事担保业务的上级机构授权开立保函,金融机构或者其分支机构以违反公司法关于公司对外担保决议程序的规定为由主张不承担担保责任的,人民法院不予支持。金融机构的分支机构未经金融机构授权提供保函之外的担保,金融机构或者其分支机构主张不承担担保责任的,人民法院应予支持,但是相对人不知道且不应当知道分支机构对外提供担保未经金融机构授权的除外。

担保公司的分支机构未经担保公司授权对外提供担保,担保公司或者其分支机构主张不承担担保责任的，人民法院应予支持，但是相对人不知道且不应当知道分支机构对外提供担保未经担保公司授权的除外。

公司的分支机构对外提供担保，相对人非善意，请求公司承担赔偿责任的，参照本解释第十七条的有关规定处理。

第十二条 法定代表人依照民法典第五百五十二条的规定以公司名义加入债务的，人民法院在认定该行为的效力时，可以参照本解释关于公司为他人提供担保的有关规则处理。

第十三条 同一债务有两个以上第三人提供担保，担保人之间约定相互追偿及分担份额，承担了担保责任的担保人请求其他担保人按照约定分担份额的，人民法院应予支持；担保人之间约定承担连带共同担保，或者约定相互追偿但是未约定分担份额的，各担保人按照比例分担向债务人不能追偿的部分。

同一债务有两个以上第三人提供担保，担保人之间未对相互追偿作出约定且未约定承担连带共同担保，但是各担保人在同一份合同书上签字、盖章或者按指印，承担了担保责任的担保人请求其他担保人按照比例分担向债务人不能追偿部分的，人民法院应予支持。

除前两款规定的情形外，承担了担保责任的担保人请求其他担保人分担向债务人不能追偿部分的，人民法院不予支持。

第十四条 同一债务有两个以上第三人提供担保，担保人受让债权的，人民法院应当认定该行为系承担担保责任。受让债权的担保人作为债权人请求其他担保人承担担保责任的，人民法院不予支持；该担保人请求其他担保人分担相应份额的，依照本解释第十三条的规定处理。

第十五条 最高额担保中的最高债权额，是指包括主债权及其利息、违约金、损害赔偿金、保管担保财产的费用、实现债权或者实现担保物权的费用等在内的全部债权，但是当事人另有约定的除外。

登记的最高债权额与当事人约定的最高债权额不一致的，人民法院应当依据登记的最高债权额确定债权人优先受偿的范围。

第十六条 主合同当事人协议以新贷偿还旧贷，债权人请求旧贷的担保人承担担保责任的，人民法院不予支持；债权人请求新贷的担保人承担担保责任的，按照下列情形处理：

（一）新贷与旧贷的担保人相同的，人民法院应予支持；

（二）新贷与旧贷的担保人不同，或者旧贷无担保新贷有担保的，人民法院不予支持，但是债权人有证据证明新贷的担保人提供担保时对以新贷偿还旧贷的事实知道或者应当知道的除外。

主合同当事人协议以新贷偿还旧贷，旧贷的物的担保人在登记尚未注销的情形下同意继续为新贷提供担保，在订立新的贷款合同前又以该担保财产为其他债权人设立担保物权，其他债权人主张其担保物权顺位优先于新贷债权人的，人民法院不予支持。

第十七条 主合同有效而第三人提供的担保合同无效，人民法院应当区分不同情形确定担保人的赔偿责任：

（一）债权人与担保人均有过错的，担保人承担的赔偿责任不应超过债务人不能清偿部分的二分之一；

（二）担保人有过错而债权人无过错的，担保人对债务人不能清偿的部分承担赔偿责任；

（三）债权人有过错而担保人无过错的，担保人不承担赔偿责任。

主合同无效导致第三人提供的担保合同无效，担保人无过错的，不承担赔偿责任；担保人有过错的，其承担的赔偿责任不应超过债务人不能清偿部分的三分之一。

第十八条　承担了担保责任或者赔偿责任的担保人，在其承担责任的范围内向债务人追偿的，人民法院应予支持。

同一债权既有债务人自己提供的物的担保，又有第三人提供的担保，承担了担保责任或者赔偿责任的第三人，主张行使债权人对债务人享有的担保物权的，人民法院应予支持。

第十九条　担保合同无效，承担了赔偿责任的担保人按照反担保合同的约定，在其承担赔偿责任的范围内请求反担保人承担担保责任的，人民法院应予支持。

反担保合同无效的，依照本解释第十七条的有关规定处理。当事人仅以担保合同无效为由主张反担保合同无效的，人民法院不予支持。

第二十条　人民法院在审理第三人提供的物的担保纠纷案件时，可以适用民法典第六百九十五条第一款、第六百九十六条第一款、第六百九十七条第二款、第六百九十九条、第七百条、第七百零一条、第七百零二条等关于保证合同的规定。

第二十一条　主合同或者担保合同约定了仲裁条款的，人民法院对约定仲裁条款的合同当事人之间的纠纷无管辖权。

债权人一并起诉债务人和担保人的，应当根据主合同确定管辖法院。

债权人依法可以单独起诉担保人且仅起诉担保人的，应当根据担保合同确定管辖法院。

第二十二条　人民法院受理债务人破产案件后，债权人请求担保人承担担保责任，担保人主张担保债务自人民法院受理破产申请之日起停止计息的，人民法院对担保人的主张应予支持。

第二十三条　人民法院受理债务人破产案件，债权人在破产程序中申报债权后又向人民法院提起诉讼，请求担保人承担担保责任的，人民法院依法予以支持。

担保人清偿债权人的全部债权后，可以代替债权人在破产程序中受偿；在债权人的债权未获全部清偿前，担保人不得代替债权人在破产程序中受偿，但是有权就债权人通过破产分配和实现担保债权等方式获得清偿总额中超出债权的部分，在其承担担保责任的范围内请求债权人返还。

债权人在债务人破产程序中未获全部清偿，请求担保人继续承担担保责任的，人民法院应予支持；担保人承担担保责任后，向和解协议或者重整计划执行完毕后的债务人追偿的，人民法院不予支持。

第二十四条 债权人知道或者应当知道债务人破产，既未申报债权也未通知担保人，致使担保人不能预先行使追偿权的，担保人就该债权在破产程序中可能受偿的范围内免除担保责任，但是担保人因自身过错未行使追偿权的除外。

二、关于保证合同

第二十五条 当事人在保证合同中约定了保证人在债务人不能履行债务或者无力偿还债务时才承担保证责任等类似内容，具有债务人应当先承担责任的意思表示的，人民法院应当将其认定为一般保证。

当事人在保证合同中约定了保证人在债务人不履行债务或者未偿还债务时即承担保证责任、无条件承担保证责任等类似内容，不具有债务人应当先承担责任的意思表示的，人民法院应当将其认定为连带责任保证。

第二十六条 一般保证中，债权人以债务人为被告提起诉讼的，人民法院应予受理。债权人未就主合同纠纷提起诉讼或者申请仲裁，仅起诉一般保证人的，人民法院应当驳回起诉。

一般保证中，债权人一并起诉债务人和保证人的，人民法院可以受理，但是在作出判决时，除有民法典第六百八十七条第二款但书规定的情形外，应当在判决书主文中明确，保证人仅对债务人财产依法强制执行后仍不能履行的部分承担保证责任。

债权人未对债务人的财产申请保全，或者保全的债务人的财产足以清偿债务，债权人申请对一般保证人的财产进行保全的，人民法院不予准许。

第二十七条 一般保证的债权人取得对债务人赋予强制执行效力的公证债权文书后，在保证期间内向人民法院申请强制执行，保证人以债权人未在保证期间内对债务人提起诉讼或者申请仲裁为由主张不承担保证责任的，人民法院不予支持。

第二十八条 一般保证中，债权人依据生效法律文书对债务人的财产依法申请强制执行，保证债务诉讼时效的起算时间按照下列规则确定：

（一）人民法院作出终结本次执行程序裁定，或者依照民事诉讼法第二百五十七条第三项、第五项的规定作出终结执行裁定的，自裁定送达债权人之日起开始计算；

（二）人民法院自收到申请执行书之日起一年内未作出前项裁定的，自人民法院收到申请执行书满一年之日起开始计算，但是保证人有证据证明债务人仍有财产可供执行的除外。

一般保证的债权人在保证期间届满前对债务人提起诉讼或者申请仲裁，债权人举证证明存在民法典第六百八十七条第二款但书规定情形的，保证债务的诉讼时效自债权人知道或者应当知道该情形之日起开始计算。

第二十九条 同一债务有两个以上保证人，债权人以其已经在保证期间内依法向部分保证人行使权利为由，主张已经在保证期间内向其他保证人行使权利的，人民法院不予支持。

同一债务有两个以上保证人，保证人之间相互有追偿权，债权人未在保证期间内依法向部分保证人行使权利，导致其他保证人在承担保证责任后丧失追偿权，其他保证人主张在其不能追偿的范围内免除保证责任的，人民法院应予支持。

第三十条　最高额保证合同对保证期间的计算方式、起算时间等有约定的，按照其约定。

最高额保证合同对保证期间的计算方式、起算时间等没有约定或者约定不明，被担保债权的履行期限均已届满的，保证期间自债权确定之日起开始计算；被担保债权的履行期限尚未届满的，保证期间自最后到期债权的履行期限届满之日起开始计算。

前款所称债权确定之日，依照民法典第四百二十三条的规定认定。

第三十一条　一般保证的债权人在保证期间内对债务人提起诉讼或者申请仲裁后，又撤回起诉或者仲裁申请，债权人在保证期间届满前未再行提起诉讼或者申请仲裁，保证人主张不再承担保证责任的，人民法院应予支持。

连带责任保证的债权人在保证期间内对保证人提起诉讼或者申请仲裁后，又撤回起诉或者仲裁申请，起诉状副本或者仲裁申请书副本已经送达保证人的，人民法院应当认定债权人已经在保证期间内向保证人行使了权利。

第三十二条　保证合同约定保证人承担保证责任直至主债务本息还清时为止等类似内容的，视为约定不明，保证期间为主债务履行期限届满之日起六个月。

第三十三条　保证合同无效，债权人未在约定或者法定的保证期间内依法行使权利,保证人主张不承担赔偿责任的,人民法院应予支持。

第三十四条　人民法院在审理保证合同纠纷案件时,应当将保证期间是否届满、债权人是否在保证期间内依法行使权利等事实作为案件基本事实予以查明。

债权人在保证期间内未依法行使权利的,保证责任消灭。保证责任消灭后,债权人书面通知保证人要求承担保证责任,保证人在通知书上签字、盖章或者按指印,债权人请求保证人继续承担保证责任的,人民法院不予支持,但是债权人有证据证明成立了新的保证合同的除外。

第三十五条　保证人知道或者应当知道主债权诉讼时效期间届满仍然提供保证或者承担保证责任,又以诉讼时效期间届满为由拒绝承担保证责任或者请求返还财产的,人民法院不予支持;保证人承担保证责任后向债务人追偿的,人民法院不予支持,但是债务人放弃诉讼时效抗辩的除外。

第三十六条　第三人向债权人提供差额补足、流动性支持等类似承诺文件作为增信措施,具有提供担保的意思表示,债权人请求第三人承担保证责任的,人民法院应当依照保证的有关规定处理。

第三人向债权人提供的承诺文件,具有加入债务或者与债务人共同承担债务等意思表示的,人民法院应当认定为民法典第五百五十二条规定的债务加入。

前两款中第三人提供的承诺文件难以确定是保证还是债务加入的,人民法院应当将其认定为保证。

第三人向债权人提供的承诺文件不符合前三款规定的情形,债权人请求第三人承担保证责任或者连带责任的,人民法院不予支持,但是不影响其依据承诺文件请求第三人履行约定的义务或者承担相应的民事责任。

三、关于担保物权

（一）担保合同与担保物权的效力

第三十七条 当事人以所有权、使用权不明或者有争议的财产抵押，经审查构成无权处分的，人民法院应当依照民法典第三百一十一条的规定处理。

当事人以依法被查封或者扣押的财产抵押，抵押权人请求行使抵押权，经审查查封或者扣押措施已经解除的，人民法院应予支持。抵押人以抵押权设立时财产被查封或者扣押为由主张抵押合同无效的，人民法院不予支持。

以依法被监管的财产抵押的，适用前款规定。

第三十八条 主债权未受全部清偿，担保物权人主张就担保财产的全部行使担保物权的，人民法院应予支持，但是留置权人行使留置权的，应当依照民法典第四百五十条的规定处理。

担保财产被分割或者部分转让，担保物权人主张就分割或者转让后的担保财产行使担保物权的，人民法院应予支持，但是法律或者司法解释另有规定的除外。

第三十九条 主债权被分割或者部分转让，各债权人主张就其享有的债权份额行使担保物权的，人民法院应予支持，但是法律另有规定或者当事人另有约定的除外。

主债务被分割或者部分转移，债务人自己提供物的担保，债权人请求以该担保财产担保全部债务履行的，人民法院应予支持；第三人提供物的担保，主张对未经其书面同意转移的债务不再承担担保责任的，人民法院应予支持。

第四十条 从物产生于抵押权依法设立前，抵押权人主张抵押权的效力及于从物的,人民法院应予支持,但是当事人另有约定的除外。

从物产生于抵押权依法设立后,抵押权人主张抵押权的效力及于从物的,人民法院不予支持,但是在抵押权实现时可以一并处分。

第四十一条 抵押权依法设立后,抵押财产被添附,添附物归第三人所有,抵押权人主张抵押权效力及于补偿金的,人民法院应予支持。

抵押权依法设立后,抵押财产被添附,抵押人对添附物享有所有权,抵押权人主张抵押权的效力及于添附物的,人民法院应予支持,但是添附导致抵押财产价值增加的,抵押权的效力不及于增加的价值部分。

抵押权依法设立后,抵押人与第三人因添附成为添附物的共有人,抵押权人主张抵押权的效力及于抵押人对共有物享有的份额的,人民法院应予支持。

本条所称添附,包括附合、混合与加工。

第四十二条 抵押权依法设立后,抵押财产毁损、灭失或者被征收等,抵押权人请求按照原抵押权的顺位就保险金、赔偿金或者补偿金等优先受偿的,人民法院应予支持。

给付义务人已经向抵押人给付了保险金、赔偿金或者补偿金,抵押权人请求给付义务人向其给付保险金、赔偿金或者补偿金的,人民法院不予支持,但是给付义务人接到抵押权人要求向其给付的通知后仍然向抵押人给付的除外。

抵押权人请求给付义务人向其给付保险金、赔偿金或者补偿金的,人民法院可以通知抵押人作为第三人参加诉讼。

第四十三条 当事人约定禁止或者限制转让抵押财产但是未将约定登记,抵押人违反约定转让抵押财产,抵押权人请求确认转让合同无效的,人民法院不予支持;抵押财产已经交付或者登记,抵押权人请求确认转让不发生物权效力的,人民法院不予支持,但是抵押权人有证据证明受让人知道的除外;抵押权人请求抵押人承担违约责任的,人民法院依法予以支持。

当事人约定禁止或者限制转让抵押财产且已经将约定登记,抵押人违反约定转让抵押财产,抵押权人请求确认转让合同无效的,人民法院不予支持;抵押财产已经交付或者登记,抵押权人主张转让不发生物权效力的,人民法院应予支持,但是因受让人代替债务人清偿债务导致抵押权消灭的除外。

第四十四条 主债权诉讼时效期间届满后,抵押权人主张行使抵押权的,人民法院不予支持;抵押人以主债权诉讼时效期间届满为由,主张不承担担保责任的,人民法院应予支持。主债权诉讼时效期间届满前,债权人仅对债务人提起诉讼,经人民法院判决或者调解后未在民事诉讼法规定的申请执行时效期间内对债务人申请强制执行,其向抵押人主张行使抵押权的,人民法院不予支持。

主债权诉讼时效期间届满后,财产被留置的债务人或者对留置财产享有所有权的第三人请求债权人返还留置财产的,人民法院不予支持;债务人或者第三人请求拍卖、变卖留置财产并以所得价款清偿债务的,人民法院应予支持。

主债权诉讼时效期间届满的法律后果,以登记作为公示方式的权利质权,参照适用第一款的规定;动产质权、以交付权利凭证作为公示方式的权利质权,参照适用第二款的规定。

第四十五条 当事人约定当债务人不履行到期债务或者发生当事人约定的实现担保物权的情形,担保物权人有权将担保财产自行拍卖、变卖并就所得的价款优先受偿的,该约定有效。因担保人的原因导致担保物权人无法自行对担保财产进行拍卖、变卖,担保物权人请求担保人承担因此增加的费用的，人民法院应予支持。

当事人依照民事诉讼法有关"实现担保物权案件"的规定，申请拍卖、变卖担保财产，被申请人以担保合同约定仲裁条款为由主张驳回申请的，人民法院经审查后，应当按照以下情形分别处理：

（一）当事人对担保物权无实质性争议且实现担保物权条件已经成就的，应当裁定准许拍卖、变卖担保财产；

（二）当事人对实现担保物权有部分实质性争议的，可以就无争议的部分裁定准许拍卖、变卖担保财产，并告知可以就有争议的部分申请仲裁；

（三）当事人对实现担保物权有实质性争议的，裁定驳回申请，并告知可以向仲裁机构申请仲裁。

债权人以诉讼方式行使担保物权的，应当以债务人和担保人作为共同被告。

（二）不动产抵押

第四十六条 不动产抵押合同生效后未办理抵押登记手续，债权人请求抵押人办理抵押登记手续的，人民法院应予支持。

抵押财产因不可归责于抵押人自身的原因灭失或者被征收等导致不能办理抵押登记，债权人请求抵押人在约定的担保范围内承担责任的，人民法院不予支持；但是抵押人已经获得保险金、赔偿金或者补偿金等，债权人请求抵押人在其所获金额范围内承担赔偿责任的，人民法院依法予以支持。

因抵押人转让抵押财产或者其他可归责于抵押人自身的原因导致不能办理抵押登记，债权人请求抵押人在约定的担保范围内承担责任的，人民法院依法予以支持，但是不得超过抵押权能够设立时抵押人应当承担的责任范围。

第四十七条　不动产登记簿就抵押财产、被担保的债权范围等所作的记载与抵押合同约定不一致的，人民法院应当根据登记簿的记载确定抵押财产、被担保的债权范围等事项。

第四十八条　当事人申请办理抵押登记手续时，因登记机构的过错致使其不能办理抵押登记，当事人请求登记机构承担赔偿责任的，人民法院依法予以支持。

第四十九条　以违法的建筑物抵押的，抵押合同无效，但是一审法庭辩论终结前已经办理合法手续的除外。抵押合同无效的法律后果，依照本解释第十七条的有关规定处理。

当事人以建设用地使用权依法设立抵押，抵押人以土地上存在违法的建筑物为由主张抵押合同无效的，人民法院不予支持。

第五十条　抵押人以划拨建设用地上的建筑物抵押，当事人以该建设用地使用权不能抵押或者未办理批准手续为由主张抵押合同无效或者不生效的，人民法院不予支持。抵押权依法实现时，拍卖、变卖建筑物所得的价款，应当优先用于补缴建设用地使用权出让金。

当事人以划拨方式取得的建设用地使用权抵押，抵押人以未办理批准手续为由主张抵押合同无效或者不生效的，人民法院不予支持。已经依法办理抵押登记，抵押权人主张行使抵押权的，人民法院应予支持。抵押权依法实现时所得的价款，参照前款有关规定处理。

第五十一条　当事人仅以建设用地使用权抵押，债权人主张抵押权的效力及于土地上已有的建筑物以及正在建造的建筑物已完成部分的，人民法院应予支持。债权人主张抵押权的效力及于正在建造的建筑物的续建部分以及新增建筑物的，人民法院不予支持。

当事人以正在建造的建筑物抵押，抵押权的效力范围限于已办理抵押登记的部分。当事人按照担保合同的约定，主张抵押权的效力及于续建部分、新增建筑物以及规划中尚未建造的建筑物的,人民法院不予支持。

抵押人将建设用地使用权、土地上的建筑物或者正在建造的建筑物分别抵押给不同债权人的,人民法院应当根据抵押登记的时间先后确定清偿顺序。

第五十二条 当事人办理抵押预告登记后,预告登记权利人请求就抵押财产优先受偿,经审查存在尚未办理建筑物所有权首次登记、预告登记的财产与办理建筑物所有权首次登记时的财产不一致、抵押预告登记已经失效等情形,导致不具备办理抵押登记条件的,人民法院不予支持;经审查已经办理建筑物所有权首次登记,且不存在预告登记失效等情形的,人民法院应予支持,并应当认定抵押权自预告登记之日起设立。

当事人办理了抵押预告登记,抵押人破产,经审查抵押财产属于破产财产,预告登记权利人主张就抵押财产优先受偿的,人民法院应当在受理破产申请时抵押财产的价值范围内予以支持,但是在人民法院受理破产申请前一年内,债务人对没有财产担保的债务设立抵押预告登记的除外。

(三) 动产与权利担保

第五十三条 当事人在动产和权利担保合同中对担保财产进行概括描述,该描述能够合理识别担保财产的,人民法院应当认定担保成立。

第五十四条 动产抵押合同订立后未办理抵押登记,动产抵押权的效力按照下列情形分别处理:

(一) 抵押人转让抵押财产,受让人占有抵押财产后,抵押权人向受让人请求行使抵押权的,人民法院不予支持,但是抵押权人能够举证证明受让人知道或者应当知道已经订立抵押合同的除外；

（二）抵押人将抵押财产出租给他人并移转占有，抵押权人行使抵押权的，租赁关系不受影响，但是抵押权人能够举证证明承租人知道或者应当知道已经订立抵押合同的除外；

（三）抵押人的其他债权人向人民法院申请保全或者执行抵押财产，人民法院已经作出财产保全裁定或者采取执行措施，抵押权人主张对抵押财产优先受偿的，人民法院不予支持；

（四）抵押人破产，抵押权人主张对抵押财产优先受偿的，人民法院不予支持。

第五十五条　债权人、出质人与监管人订立三方协议，出质人以通过一定数量、品种等概括描述能够确定范围的货物为债务的履行提供担保，当事人有证据证明监管人系受债权人的委托监管并实际控制该货物的，人民法院应当认定质权于监管人实际控制货物之日起设立。监管人违反约定向出质人或者其他人放货、因保管不善导致货物毁损灭失，债权人请求监管人承担违约责任的，人民法院依法予以支持。

在前款规定情形下，当事人有证据证明监管人系受出质人委托监管该货物，或者虽然受债权人委托但是未实际履行监管职责，导致货物仍由出质人实际控制的，人民法院应当认定质权未设立。债权人可以基于质押合同的约定请求出质人承担违约责任，但是不得超过质权有效设立时出质人应当承担的责任范围。监管人未履行监管职责，债权人请求监管人承担责任的，人民法院依法予以支持。

第五十六条　买受人在出卖人正常经营活动中通过支付合理对价取得已被设立担保物权的动产，担保物权人请求就该动产优先受偿的，人民法院不予支持，但是有下列情形之一的除外：

（一）购买商品的数量明显超过一般买受人；

（二）购买出卖人的生产设备；

（三）订立买卖合同的目的在于担保出卖人或者第三人履行债务；

（四）买受人与出卖人存在直接或者间接的控制关系；

（五）买受人应当查询抵押登记而未查询的其他情形。

前款所称出卖人正常经营活动，是指出卖人的经营活动属于其营业执照明确记载的经营范围，且出卖人持续销售同类商品。前款所称担保物权人，是指已经办理登记的抵押权人、所有权保留买卖的出卖人、融资租赁合同的出租人。

第五十七条　担保人在设立动产浮动抵押并办理抵押登记后又购入或者以融资租赁方式承租新的动产，下列权利人为担保价款债权或者租金的实现而订立担保合同，并在该动产交付后十日内办理登记，主张其权利优先于在先设立的浮动抵押权的，人民法院应予支持：

（一）在该动产上设立抵押权或者保留所有权的出卖人；

（二）为价款支付提供融资而在该动产上设立抵押权的债权人；

（三）以融资租赁方式出租该动产的出租人。

买受人取得动产但未付清价款或者承租人以融资租赁方式占有租赁物但是未付清全部租金，又以标的物为他人设立担保物权，前款所列权利人为担保价款债权或者租金的实现而订立担保合同，并在该动产交付后十日内办理登记，主张其权利优先于买受人为他人设立的担保物权的，人民法院应予支持。

同一动产上存在多个价款优先权的，人民法院应当按照登记的时间先后确定清偿顺序。

第五十八条　以汇票出质，当事人以背书记载"质押"字样并在汇票上签章，汇票已经交付质权人的，人民法院应当认定质权自汇票交付质权人时设立。

第五十九条 存货人或者仓单持有人在仓单上以背书记载"质押"字样，并经保管人签章，仓单已经交付质权人的，人民法院应当认定质权自仓单交付质权人时设立。没有权利凭证的仓单，依法可以办理出质登记的，仓单质权自办理出质登记时设立。

出质人既以仓单出质，又以仓储物设立担保，按照公示的先后确定清偿顺序；难以确定先后的，按照债权比例清偿。

保管人为同一货物签发多份仓单，出质人在多份仓单上设立多个质权，按照公示的先后确定清偿顺序；难以确定先后的，按照债权比例受偿。

存在第二款、第三款规定的情形，债权人举证证明其损失系由出质人与保管人的共同行为所致，请求出质人与保管人承担连带赔偿责任的，人民法院应予支持。

第六十条 在跟单信用证交易中，开证行与开证申请人之间约定以提单作为担保的，人民法院应当依照民法典关于质权的有关规定处理。

在跟单信用证交易中，开证行依据其与开证申请人之间的约定或者跟单信用证的惯例持有提单，开证申请人未按照约定付款赎单，开证行主张对提单项下货物优先受偿的，人民法院应予支持；开证行主张对提单项下货物享有所有权的，人民法院不予支持。

在跟单信用证交易中，开证行依据其与开证申请人之间的约定或者跟单信用证的惯例，通过转让提单或者提单项下货物取得价款，开证申请人请求返还超出债权部分的，人民法院应予支持。

前三款规定不影响合法持有提单的开证行以提单持有人身份主张运输合同项下的权利。

第六十一条 以现有的应收账款出质，应收账款债务人向质权人确认应收账款的真实性后，又以应收账款不存在或者已经消灭为由主张不承担责任的，人民法院不予支持。

以现有的应收账款出质，应收账款债务人未确认应收账款的真实性，质权人以应收账款债务人为被告，请求就应收账款优先受偿，能够举证证明办理出质登记时应收账款真实存在的，人民法院应予支持；质权人不能举证证明办理出质登记时应收账款真实存在，仅以已经办理出质登记为由，请求就应收账款优先受偿的，人民法院不予支持。

以现有的应收账款出质，应收账款债务人已经向应收账款债权人履行了债务，质权人请求应收账款债务人履行债务的，人民法院不予支持，但是应收账款债务人接到质权人要求向其履行的通知后，仍然向应收账款债权人履行的除外。

以基础设施和公用事业项目收益权、提供服务或者劳务产生的债权以及其他将有的应收账款出质，当事人为应收账款设立特定账户，发生法定或者约定的质权实现事由时，质权人请求就该特定账户内的款项优先受偿的，人民法院应予支持；特定账户内的款项不足以清偿债务或者未设立特定账户，质权人请求折价或者拍卖、变卖项目收益权等将有的应收账款，并以所得的价款优先受偿的，人民法院依法予以支持。

第六十二条 债务人不履行到期债务，债权人因同一法律关系留置合法占有的第三人的动产，并主张就该留置财产优先受偿的，人民法院应予支持。第三人以该留置财产并非债务人的财产为由请求返还的，人民法院不予支持。

企业之间留置的动产与债权并非同一法律关系，债务人以该债权不属于企业持续经营中发生的债权为由请求债权人返还留置财产的，人民法院应予支持。

企业之间留置的动产与债权并非同一法律关系，债权人留置第三人的财产，第三人请求债权人返还留置财产的，人民法院应予支持。

四、关于非典型担保

第六十三条 债权人与担保人订立担保合同，约定以法律、行政法规尚未规定可以担保的财产权利设立担保，当事人主张合同无效的，人民法院不予支持。当事人未在法定的登记机构依法进行登记，主张该担保具有物权效力的，人民法院不予支持。

第六十四条 在所有权保留买卖中，出卖人依法有权取回标的物，但是与买受人协商不成，当事人请求参照民事诉讼法"实现担保物权案件"的有关规定，拍卖、变卖标的物的，人民法院应予准许。

出卖人请求取回标的物，符合民法典第六百四十二条规定的，人民法院应予支持；买受人以抗辩或者反诉的方式主张拍卖、变卖标的物，并在扣除买受人未支付的价款以及必要费用后返还剩余款项的，人民法院应当一并处理。

第六十五条 在融资租赁合同中，承租人未按照约定支付租金，经催告后在合理期限内仍不支付，出租人请求承租人支付全部剩余租金，并以拍卖、变卖租赁物所得的价款受偿的，人民法院应予支持；当事人请求参照民事诉讼法"实现担保物权案件"的有关规定，以拍卖、变卖租赁物所得价款支付租金的，人民法院应予准许。

出租人请求解除融资租赁合同并收回租赁物，承租人以抗辩或者反诉的方式主张返还租赁物价值超过欠付租金以及其他费用的，人民法院应当一并处理。当事人对租赁物的价值有争议的，应当按照下列规则确定租赁物的价值：

（一）融资租赁合同有约定的，按照其约定；

（二）融资租赁合同未约定或者约定不明的，根据约定的租赁物折旧以及合同到期后租赁物的残值来确定；

（三）根据前两项规定的方法仍然难以确定，或者当事人认为根据前两项规定的方法确定的价值严重偏离租赁物实际价值的，根据当事人的申请委托有资质的机构评估。

第六十六条 同一应收账款同时存在保理、应收账款质押和债权转让，当事人主张参照民法典第七百六十八条的规定确定优先顺序的，人民法院应予支持。

在有追索权的保理中，保理人以应收账款债权人或者应收账款债务人为被告提起诉讼，人民法院应予受理；保理人一并起诉应收账款债权人和应收账款债务人的，人民法院可以受理。

应收账款债权人向保理人返还保理融资款本息或者回购应收账款债权后，请求应收账款债务人向其履行应收账款债务的，人民法院应予支持。

第六十七条 在所有权保留买卖、融资租赁等合同中，出卖人、出租人的所有权未经登记不得对抗的"善意第三人"的范围及其效力，参照本解释第五十四条的规定处理。

第六十八条 债务人或者第三人与债权人约定将财产形式上转移至债权人名下，债务人不履行到期债务，债权人有权对财产折价或者以拍卖、变卖该财产所得价款偿还债务的，人民法院应当认定该约定有效。当事人已经完成财产权利变动的公示，债务人不履行到期债务，债权人请求参照民法典关于担保物权的有关规定就该财产优先受偿的，人民法院应予支持。

债务人或者第三人与债权人约定将财产形式上转移至债权人名下，债务人不履行到期债务，财产归债权人所有的，人民法院应当认定该约定无效，但是不影响当事人有关提供担保的意思表示的效力。当事人已经完成财产权利变动的公示，债务人不履行到期债务，债权人请求对该财产享有所有权的，人民法院不予支持；债权人请求参照民法典关于担保物权的规定对财产折价或者以拍卖、变卖该财产所得的价款优先受偿的，人民法院应予支持；债务人履行债务后请求返还财产，或者请求对财产折价或者以拍卖、变卖所得的价款清偿债务的，人民法院应予支持。

债务人与债权人约定将财产转移至债权人名下，在一定期间后再由债务人或者其指定的第三人以交易本金加上溢价款回购，债务人到期不履行回购义务，财产归债权人所有的，人民法院应当参照第二款规定处理。回购对象自始不存在的，人民法院应当依照民法典第一百四十六条第二款的规定，按照其实际构成的法律关系处理。

第六十九条 股东以将其股权转移至债权人名下的方式为债务履行提供担保，公司或者公司的债权人以股东未履行或者未全面履行出资义务、抽逃出资等为由，请求作为名义股东的债权人与股东承担连带责任的，人民法院不予支持。

第七十条 债务人或者第三人为担保债务的履行，设立专门的保证金账户并由债权人实际控制，或者将其资金存入债权人设立的保证金账户，债权人主张就账户内的款项优先受偿的，人民法院应予支持。当事人以保证金账户内的款项浮动为由，主张实际控制该账户的债权人对账户内的款项不享有优先受偿权的，人民法院不予支持。

在银行账户下设立的保证金分户，参照前款规定处理。

当事人约定的保证金并非为担保债务的履行设立，或者不符合前两款规定的情形，债权人主张就保证金优先受偿的，人民法院不予支持,但是不影响当事人依照法律的规定或者按照当事人的约定主张权利。

五、附　　则

第七十一条　本解释自 2021 年 1 月 1 日起施行。